essentials

Essentials liefern aktuelles Wissen in konzentrierter Form. Die Essenz dessen, worauf es als „State-of-the-Art" in der gegenwärtigen Fachdiskussion oder in der Praxis ankommt. *Essentials* informieren schnell, unkompliziert und verständlich

- als Einführung in ein aktuelles Thema aus Ihrem Fachgebiet
- als Einstieg in ein für Sie noch unbekanntes Themenfeld
- als Einblick, um zum Thema mitreden zu können

Die Bücher in elektronischer und gedruckter Form bringen das Fachwissen von Springerautor*innen kompakt zur Darstellung. Sie sind besonders für die Nutzung als eBook auf Tablet-PCs, eBook-Readern und Smartphones geeignet. *Essentials* sind Wissensbausteine aus den Wirtschafts-, Sozial- und Geisteswissenschaften, aus Technik und Naturwissenschaften sowie aus Medizin, Psychologie und Gesundheitsberufen. Von renommierten Autor*innen aller Springer-Verlagsmarken.

Yorck P. von Borcke · Nikola Plohr

Metaskills

Menschliche Kompetenzen für das
Zeitalter der künstlichen Intelligenz

Springer Gabler

Yorck P. von Borcke
Hochschule Fresenius
Hamburg, Deutschland

Nikola Plohr
Hochschule Fresenius
Hamburg, Deutschland

ISSN 2197-6708   ISSN 2197-6716 (electronic)
essentials
ISBN 978-3-658-44027-5   ISBN 978-3-658-44028-2 (eBook)
https://doi.org/10.1007/978-3-658-44028-2

Die Deutsche Nationalbibliothek verzeichnet diese Publikation in der Deutschen Nationalbiblio-
grafie; detaillierte bibliografische Daten sind im Internet über http://dnb.d-nb.de abrufbar.

Planung/Lektorat: Ann-Kristin Wiegmann
Springer Gabler ist ein Imprint der eingetragenen Gesellschaft Springer Fachmedien Wiesbaden
GmbH und ist ein Teil von Springer Nature.
Die Anschrift der Gesellschaft ist: Abraham-Lincoln-Str. 46, 65189 Wiesbaden, Germany

Das Papier dieses Produkts ist recyclebar.

Was Sie in diesem *essential* finden können

- Sie erfahren, warum wir vor einer Zeitenwende stehen und das Zeitalter der Künstlichen Intelligenz (KI) beginnt.
- Sie lernen die Evolution und Treiber von KI kennen.
- Sie erhalten einen Überblick zu Metaskills als zentrale Kompetenzen für das Zeitalter der KI.
- Sie erkennen die wichtigsten Prinzipien, die nötig sind, um KI-Technologien menschengerecht zu entwickeln.

Inhaltsverzeichnis

Über die Autoren

Prof. Dr. Yorck P. von Borcke Leiter Media School - Studiendekan Digitales Management & Leadership (MSc.)

Dr. Nikola Plohr Hochschuldozentin Media School - Coach für Mindful Leadership
Kontakt: Hochschul Fresenius Media School Alte Rabenstraße 1 20148 Hamburg

Einleitung – Im Zeitalter der Künstlichen Intelligenz (KI)

Von der menschlichen zur künstlichen Intelligenz

Produktempfehlungen beim Online-Shopping, Sprachsteuerung mit dem Smartphone oder intelligente Fahrassistenzsysteme im Auto – dahinter stecken Verfahren Künstlicher Intelligenz, ohne dass es vielen bewusst ist. Erstmals in der Geschichte können Daten nicht nur gespeichert und verarbeitet werden, sondern programmierte Systeme entwickeln sich zu automatisierbaren, lernenden Systemen, die bereits heute spezifische Aufgaben besser und schneller als Menschen erledigen können.

Ziel moderner KI-Systeme (Lernende Systeme) ist es, Maschinen, Roboter und Softwaresysteme zu befähigen, abstrakt beschriebene Aufgaben und Probleme eigenständig zu bearbeiten und zu lösen, ohne dass jeder Schritt vom Menschen programmiert wird (Müller-Quade, 2019). Die Diskussion um eine mögliche Künstliche Intelligenz (KI) ist dabei alles andere als neu: Die ersten Arbeiten finden sich bereits in den 1940er und 1950er Jahren; hier ist der Beitrag von Alan Mathison Turing (Computing Machinery and Intelligence (Turing, 1950)) der wohl prominenteste: Turing stellte mit dem Turing-Test die Hypothese auf, dass ein Computer genau dann als intelligent bezeichnet werden kann, wenn ein Proband nicht herausfinden kann, ob die schriftliche Kommunikation von einem Menschen oder einem Computerbot geführt wird (Hecker, 2017). Als eigentliche Geburtsstunde für den Begriff Künstliche Intelligenz („Artificial Intelligence") gilt der Juli im Jahr 1956, bei dem eine kleine Gruppe von Wissenschaftlern um John McCarthy und Marvin Minsky am Dartmouth College in Hanover, USA, die neue Forschungsdisziplin ins Leben riefen (Borchers, 2006).

Eine allgemein akzeptierte Definition zu Künstlicher Intelligenz fehlt bislang und der Begriff wird kontrovers diskutiert. Im Kern geht es um maschinelles Lernen (Striewski, 2023). Abb. 1.1 gibt einen Überblick.

Y. P. von Borcke und N. Plohr, *Metaskills*, essentials, https://doi.org/10.1007/978-3-658-44028-2_1

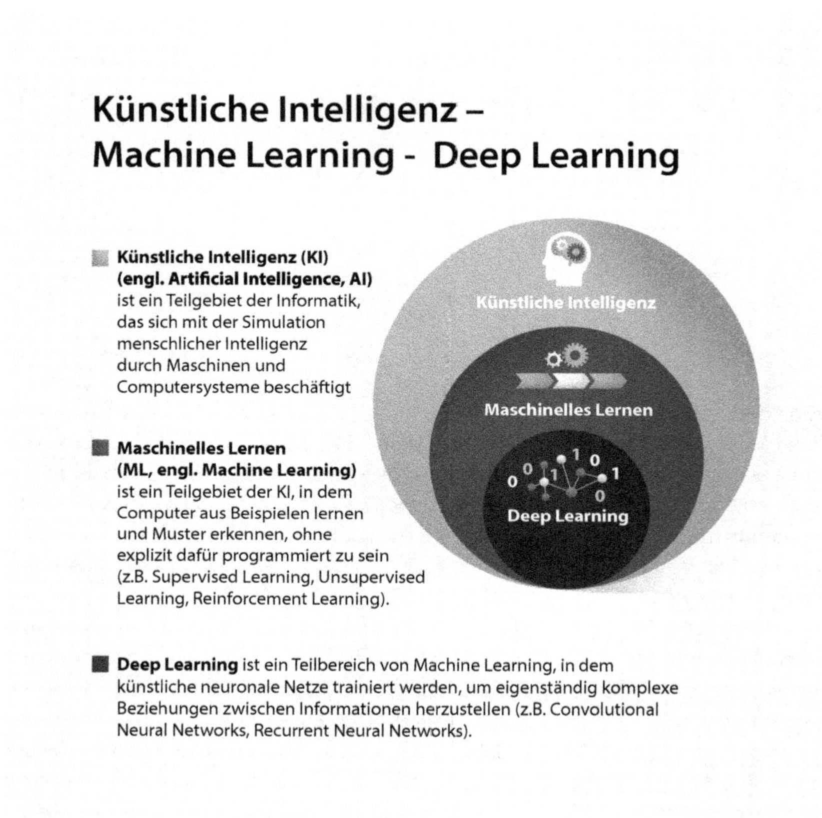
Künstliche Intelligenz –
Machine Learning - Deep Learning
Künstliche Intelligenz (KI)
(engl. Artificial Intelligence, AI)
ist ein Teilgebiet der Informatik, das sich mit der Simulation menschlicher Intelligenz durch Maschinen und Computersysteme beschäftigt
Maschinelles Lernen
(ML, engl. Machine Learning)
ist ein Teilgebiet der KI, in dem Computer aus Beispielen lernen und Muster erkennen, ohne explizit dafür programmiert zu sein (z.B. Supervised Learning, Unsupervised Learning, Reinforcement Learning).
Deep Learning ist ein Teilbereich von Machine Learning, in dem künstliche neuronale Netze trainiert werden, um eigenständig komplexe Beziehungen zwischen Informationen herzustellen (z.B. Convolutional Neural Networks, Recurrent Neural Networks).
Künstliche Intelligenz
Maschinelles Lernen
Deep Learning

Abb. 1.1 Künstliche Intelligenz im Überblick. (Eigene Darstellung)

Die weitere **Entwicklung der Künstlichen Intelligenz** lässt sich danach in **vier Phasen** unterteilen (Vgl. Abb. 1.2), die geprägt waren von Euphorie und Ernüchterung (sogenannte „KI-Winter"). Zunächst versuchten die Forscher mit einem einzigen universellen Verfahren eine Art „generellen Problemlöser" auf Zentralrechnern zu realisieren. Dies musste scheitern, wenn man sich klar macht, dass menschliche Intelligenz nicht auf eine einzige Denkschablone reduzierbar ist (Wahlster, 2016). Zudem war schlichtweg noch nicht die nötige Rechenleistung vorhanden:

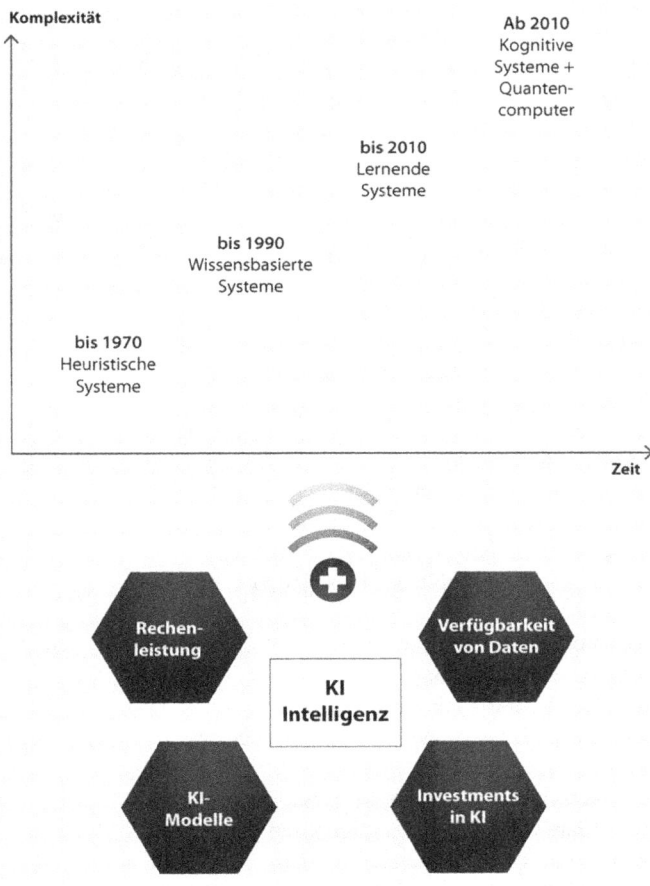

Abb. 1.2 Evolution und Treiber der künstlichen Intelligenz. (Eigene Darstellung, in Anlehnung an Wahlster, 2016)

Ein aktuelles Smartphone ist heute mehr als *eine Million Mal* leistungsfähiger als die Rechenmaschinen, die den ersten KI-Forschern zur Verfügung standen (Kaplan, 2017).

Die kühnen Träume waren somit schnell ausgeträumt, als nachgewiesen wurde, dass die Systeme strukturell nicht in der Lage waren, selbst simple Funktionen zu erlernen. In der Folgezeit verbesserten sich die Systeme (insbesondere Rechenleistung und Algorithmen) und Joseph Weizenbaum konnte mit dem Programm ELIZA den Vorläufer der heutigen Chatbots präsentieren.

Diese Erfolge überzeugten die DARPA Agency, Teil des US-Verteidigungsministeriums, in die aufstrebenden KI-Technologien zu investieren (später sollte die DARPA auch maßgeblich bei der Entstehung des Internets involviert sein) (Anyhoha, 2017; Clark, 1988).

Als 1997 der Schachcomputer Deep Blue den damals amtierenden Schach-Weltmeister Gari Kasparow deutlich schlug, wurde deutlich, dass Computer spezifische Aufgaben hervorragend bewältigen können. Grundlage hierfür waren weiterentwickelte sogenannte Neuronale Netze, die auf Forscher wie Jeff Hinton und John Hopfield zurückgehen (Tilly, 2018). Der von IBM entwickelte Hochleistungscomputer war so z. B. in der Lage 200 Mio. Spielsituationen pro Sekunde zu bewerten.

Im Jahr 2016 schließlich besiegte Googles Alpha Zero den GO Weltmeister Lee Sedol. Das japanische Brettspiel Go gilt dabei als hoch komplex und besitzt mehr mögliche Spielkombinationen als es Atome im Universum gibt (Specht, 2018).

KI-Systeme hatten endgültig die Welt der Labore verlassen. Seitdem reiht sich Erfolgsmeldung an Erfolgsmeldung (Tilly, 2018):

- Computer sind genauso gut wie Menschen bei der Spracherkennung.
- Computer sind besser in komplexen Spielen, wie GO oder Poker.
- Computer können Autos fahren.
- Computer können Texte schneller lesen und übersetzen als Menschen.

Im Jahr 2022 kommt es zu einem weiteren Meilenstein: Das Large Language Model (LLM) ChatGPT ist die am schnellsten wachsende Verbraucher Anwendung der Welt. Nur zwei Monate nach dem Start erreichte die KI-Software geschätzte 100 Mio. aktive monatliche User:innen (Hu, 2023).

Diese jüngste Entwicklung ist eine KI, die Algorithmen des maschinellen Lernens einsetzt, um aus vorhandenen Texten, Audiodateien, Bildern oder Originalmustern Inhalte zu erstellen. Bei der generativen KI verwenden Computer ihre

Trainingsdaten, um das zugrundeliegende Muster zu erkennen und Inhalte so zu produzieren, dass die Benutzer sie für echt halten (Safar, 2022).

Doch was waren die **Treiber und Enabler von KI?** Und warum erst jetzt? Im Wesentlichen lassen sich vier große Teilbereiche identifizieren:

Rechenleistung: Die exponentielle Steigerung der Rechenleistung, insbesondere durch die Entwicklung von leistungsstarken Grafikprozessoren (GPUs) und spezialisierten Hardwarelösungen für maschinelles Lernen, hat die Durchführung komplexer KI-Berechnungen erst ermöglicht.

Algorithmen: Neue Algorithmen und Techniken im Bereich des maschinellen Lernens, insbesondere des Deep Learnings, haben die Leistungsfähigkeit von KI-Systemen erheblich verbessert. Dies hat zu Durchbrüchen in Bereichen der Bilderkennung, natürlicher Sprachverarbeitung und autonomem Fahren geführt. Die Systeme der KI beginnen die Daten nicht nur lesen und regelbasiert auswerten zu können, sondern Zusammenhänge und Muster in den Daten zu erkennen: Maschinenlesbare Daten werden zu maschinenverstehbaren Daten und programmierte Systeme entwickeln sich zu automatisierbaren, selbstlernenden Systemen (v. Borcke, 2022).

Daten: Das Zeitalter der KI wird auch durch die Verfügbarkeit großer Datenmengen ermöglicht, die für das Training von KI-Modellen benötigt werden. Das Internet, soziale Medien und vernetzte Geräte haben zu einem exponentiellen Anstieg der verfügbaren Daten geführt. Bis zum Jahr 2025 werden drei Viertel der Weltbevölkerung vernetzt sein. Die weltweite Vernetzung in Echtzeit von Maschinen, Häusern, Autos und vernetzten Geräten treibt die **Erzeugung von Daten** massiv in die Höhe. Über das Internet der Dinge (Internet -of- Things) werden in wenigen Jahren über 50 Mrd. Dinge – Produkte, Maschinen, Prozesse – verbunden sein (Kroker, 2017).

Investitionen und Forschung: Der Artifical Intelligence (AI) Index der Universität Stanford, der systematisch wissenschaftliche und wirtschaftliche Aktivitäten im Bereich der KI misst, zeigt ein eindrucksvolles Wachstum seit dem Jahr 2000 (Shoham, 2018): Wissenschaftliche KI-Paper, Anzahl der KI-Startups und hiermit einhergehende Venture Capital Investments haben sich seitdem vervielfacht. Dabei sind es insbesondere die USA und China, die um die KI-Vorherrschaft streiten. China hat offiziell verkündet bis zum Jahr 2030 „Artificial Intelligence (AI)-Superpower" (Lee, 2018) werden zu wollen. Ziel der staatlichen Pläne ist es, eine 150 Mrd. $ Industrie zu erschaffen, die ihre KI-Technik weltweit verbreitet (Kania, 2018). Neben Investitionen in Forschung und Entwicklung von KI, haben die großen Cloud-Anbieter (Google, Amazon, Microsoft, IBM, Alibaba) die Einstiegshürden für die Nutzung von KI gesenkt: Vergleichsweise kostengünstige KI-Programme mit vortrainierten Modellen stehen in der Cloud als Software-as-a-Service (SaaS) zur Verfügung (Manhart, 2018).

Von der künstlichen Intelligenz zu menschlichen Kompetenzen
Allgemein werden **Kompetenzen als individuell angeeignete Fähigkeits- und Fertigkeitsbündel** bezeichnet, die zu selbstorganisiertem Handeln in relevanten und unsicheren bzw. komplexen Situationen befähigen (vgl. z. B. Erpenbeck, v. Rosenstiel et al., 2007). Es geht also um ein reichhaltiges Konglomerat an individuellen Potenzialen, die Handlungs- und Problemlösungsfähigkeit auch unter Unsicherheitsbedingungen, wie sie im Kontext mit Künstlicher Intelligenz zu erwarten sind, zu entwickeln. Neue Kompetenzen zur Entwicklung von KI-Systemen und im Umgang mit KI-Technologien werden dabei in allen Domänen notwendig sein und dabei sowohl technische als auch soziale Dimensionen berühren (Anton et al., 2020; zitiert n. André; Bauer. et al., 2021).

Mit dem Aufkommen von Systemen der Künstlichen Intelligenz als Basistechnologie tritt die digitale Transformation in eine neue Phase (Opitz, 2020). Durch den technologischen Fortschritt verändert sich die Nachfrage nach Qualifikationen in rasantem Tempo. Dabei sind neue Berufsbilder zum Teil noch unscharf oder noch gar nicht existent. Die KI-Technologien können nicht nur immer mehr repetitive Aufgaben übernehmen, sondern auch anspruchsvolle kognitive Arbeiten, wie Text-, Bilderstellung oder Codierung, leisten. Dabei beträgt die durchschnittliche Halbwertszeit vieler Qualifikationen heute weniger als fünf Jahre, in einigen technischen Bereichen sogar nur zweieinhalb Jahre (Tamayo et al., 2023).

Um ihre Rolle zu sichern, müssen Individuen und Organisationen ihre Wissens- und Kompetenzbasis (Skills) dem digitalen Wandel anpassen mit dem Ziel, vorteilhafte Resultate aus der Kombination von Mensch und Maschine zu erzielen. Neben Digital- und KI-Fachkenntnissen, werden originär **menschliche Eigenschaften und Kompetenzen im Zeitalter der KI zum zentralen Erfolgsfaktor.** Es sind insbesondere soziale Fähigkeiten, wie Kommunikation und Empathie, die in (virtuellen) Teams und hoch-vernetzten Organisationen benötigt werden, um im Zusammenspiel mit digitalen Technologien gemeinsam kreative Lösungen zu finden und effektiv und effizient zusammenzuarbeiten (Raitner, 2019).

In Zukunft wird es also verstärkt darum gehen, die künstliche Intelligenz von Computern mit den kognitiven, sozialen und emotionalen Kompetenzen von Menschen zu verknüpfen.

Metaskills sind Fähigkeiten, die über spezifisches technisches oder fachliches Wissen hinausgehen. Es sind **Fähigkeiten, Kompetenzen und Eigenschaften,** die den Erfolg bei der Entwicklung anderer Fähigkeiten und notwendiger Fertigkeiten sicherstellen. Die Vernetzungsgeschwindigkeit und Datenflut führt paradoxerweise zu einer Verschlechterung der menschlichen Fähigkeit, Situationen einzuschätzen und klare Zusammenhänge zu erkennen (Anyoha, 2017). Nach dem britischen Mathematiker und Kybernetiker Ross Ashby braucht es für das erfolgreiche Steuern und Regulieren komplexer Systeme (z. B. Unternehmen) ebenso komplexe Fähigkeiten und Methoden (Handlungsvarietät). Dazu muss man den Menschen wiederentdecken, nicht nur seine Schwächen, welche die Maschine beheben kann, sondern auch seine Stärken, die sich nicht an die Maschine delegieren lassen (Kaeser, 2023).

Es werden Kompetenzen benötigt, die darauf ausgerichtet sind, **wie Menschen in komplexen und herausfordernden Situationen interagieren und agieren können** (Mindell, 2016). Solche Metaskills werden in einer Zeit, in der Automatisierung und künstliche Intelligenz viele Aufgaben von Menschen übernehmen, **wichtiger denn je** (Neumeier, 2012).

Nachfolgend werden empirisch bestätigte, ausgewählte Metaskills beschrieben und mit einem Anwendungsfall illustriert. Die Metaskills können dabei grundsätzlich multidimensional von Bedeutung sein, zur Strukturierung werden sie drei Ebenen zugeordnet:

- **Individuelle Ebene:** Metaskills, die den reflektierten persönlichen Umgang mit KI fördern.
- **Kollektive Ebene:** Metaskills, die Teams und Unternehmen benötigen, um mit KI vorteilhafte Resultate zu erzielen.
- **Globale Ebene:** Metaskills, von denen Gesellschaften und globale Systeme profitieren können.

2.1 Individuelle Dimension

Achtsamkeit

Achtsamkeit erfreut sich als Praxis und Begriff großer Popularität. Nicht nur auf individueller Ebene werden die Techniken angewendet, auch immer mehr Unternehmen erkennen, dass Achtsamkeit für Ihre Mitarbeiter:innen positive Effekte nach sich zieht, wie beispielsweise ein verringertes Stresslevel, erhöhte Schlafqualität und weniger Ängstlichkeit (Bartlett et al., 2019; Lefrank & Gräf, 2021). Die Vielfältigkeit des Angebots spiegelt sich auch in den zahlreichen Definitionen des Begriffs wider. Diese sind nicht immer kongruent, überschneiden sich aber doch in der Beschreibung von Achtsamkeit als bewusstes und urteilsfreies Lenken der Aufmerksamkeit hin zum gegenwärtigen Moment (Lefrank & Gräf, 2021). Jon Kabat Zinn, der Begründer von MBSR (Mindfulness Based Stress Reduction) betont, dass Achtsamkeit bedeutet, jeden Moment aktiv in sich aufzunehmen und von Moment zu Moment aufmerksam und wach zu sein (Kabat-Zinn, 2013). In ähnliche Worte fasst der buddhistische Mönch Thich Nath Hanh seine Definition: „[…]I'll use the term mindfulness to refer to keeping one's consciousness alive to the present reality" (Nath Hanh, 2008). Der gegenwärtige Moment umfasst dabei zugleich eine innere Dimension, das individuelle Gefühlsleben und die eigenen Gedankenmuster und eine äußere Dimension als konkrete Situation, in der soziale und räumliche Faktoren zusammentreffen (Amberg, 2016).

Achtsamkeit und KI

Die Vielschichtigkeit des Achtsamkeitsbegriffs spiegelt sich auch in den Bezügen wider, die zur digitalen Transformation und Entwicklung künstlicher Intelligenz hergestellt werden. Vier Tendenzen lassen sich ablesen:

1. KI treibe die beschleunigenden und zerstreuenden Faktoren des digitalen Wandels noch mehr voran. Achtsamkeitspraktiken könnten hier einen entsprechenden Ausgleich schaffen (Michalak et al., 2022).

2. Es wird sich mehr Achtsamkeit im Umgang mit KI gewünscht. Um Risikofaktoren und Auswirkungen auf Gesellschaft und Individuum abschätzen zu
   können, wären Momente des Innehaltens und Reflektierens sinnvoll, bevor neue
   Technologien implementiert werden (Durmus, 2023).
3. Der Achtsamkeitstrend verstärke selbstoptimierende Tendenzen und verlagere
   die Probleme einer zunehmend erschöpften und gestressten Gesellschaft, zu der
   technologischer Wandel beitrage, hin zum Selbst, das damit selbstverantwortlich
   gemacht werde für gesellschaftlich begründete Überforderungen (Rosa, 2016)
4. KI kann Achtsamkeitspraktiken noch effizienter, persönlicher und leichter
   zugänglich gestalten (Vgl. Kintsugi App).

Beispiel: Kintsugi-App

Kintsugi hat seinen Ursprung im Japanischen und bezeichnet eine Methode
zur Reparatur von Keramik, bei der entstandene Risse und Bruchstellen nicht
nur ausgebessert, sondern mit hochwertigen Materialien wie Gold oder Pla-
tin veredelt werden. Die App verwendet eine KI-basierte Stimmanalyse zur
Erfassung des Gemütszustands der User:innen. Über das sogenannte Voice
Journaling reagieren diese auf eine in der App gestellte Frage. Mithilfe von
KI-Technologie wird in Echtzeit die gesendete Nachricht in Emojis übersetzt,
die den User:innen ihre Stimmungslage spiegeln. Im Anschluss werden wei-
terführende Fragen zum Befinden gestellt und individuelle Empfehlungen für
eine passgenaue Achtsamkeitsmeditation gegeben. Auch Empfehlungen wie
„Talk to someone close" werden gegeben, wenn die Stimmanalyse traurige
oder depressive Gemütszustände diagnostiziert. Datum und Diagnose werden in ein Diagramm überführt, das den User:innen eine Übersicht über die
Entwicklung ihrer Gemütslage liefern soll.◄

Imagination

Die Fähigkeit zur Imagination, auch Einbildungskraft genannt, wird in der Psychologie als bildhaft anschauliches Vorstellen von nicht gegenwärtigen Personen,
Gegenständen oder Situationen beschrieben. Dieser Prozess kann sich auf die
erinnerte Vergangenheit beziehen, von der physikalischen Gegenwart abstrahieren
und sich auch auf die noch nicht eingetrete Zukunft fokussieren (Mast, 2020).
Evolutionär betrachtet ist die Fähigkeit zur Imagination ein wichtiger Schutzme-
chanismus für das eventuelle Eintreten von Gefahrensituationen. Sie ist zugleich
eng verwoben mit der Entwicklung von Empathie und Kreativität und damit

eine grundlegend menschliche Eigenschaft. Die Fähigkeiten zur Imagination sind unterschiedlich stark ausgeprägt, lassen sich aber mit diversen Techniken fördern und werden auch in therapeutischen Settings angewendet (Kirn et al., 2015).

Imagination und KI
Die Fähigkeit zu Imagination steht in enger Verbindung mit der Frage, was als Realität gefasst werden kann. In der Definition der Fähigkeit ist eine Differenz zwischen gegenwärtigen und nicht gegenwärtigen Situationen und Bildern impliziert. Bereits der Begriff der „virtuellen Realität" zeigt auf, dass Technologie Einfluss auf unser Verständnis von Realität nimmt. In einer digital durchdrungenen Lebenswirklichkeit stellen sich die Fragen nach virtueller und analoger Gegenwart neu und fordern vermeintlich klare Grenzziehungen heraus. Am Beispiel von Deep Fakes zeigt sich, dass die Imaginationskraft auch gefährlich werden kann, wenn sich über die Sinneswahrnehmung erst einmal ein potenziell mögliches Bild abzeichnet, das es in analoger, physikalischer Realität nie gegeben hat.

Es stellt sich außerdem die Frage, ob KI selbst zur Imagination befähigt ist (Mast, 2022) und damit womöglich die Unterscheidung zwischen Mensch und Maschine ins Wanken gerät. Im Bereich der Kunst etabliert sich der Begriff der „Artificial Imagination", der jedoch noch immer die Kombination aus menschlichen und KI-generierten Bildern impliziert (Hahn, 2022). Als Beispiel lässt sich hier der Kurzfilm „The Crow" anführen, der in Cannes und Linz Auszeichnungen erhielt (Hahn, 2022). Eine weitere Ebene der Imagination richtet sich auf potenzielle Zukunftsszenarien für ein Leben mit KI. Jenseits von Science Fiction Szenarien widmen sich Zukunftsforscher:innen der Frage, welche transformativen Prozesse durch KI in Gang gesetzt werden, wie aber zugleich auch KI selbst für Zukunftsprognosen zum Einsatz kommen kann (Steinmüller, 2022).

Auf individueller Ebene kann KI als Hilfsmittel fungieren, um der Imaginationskraft Ausdruck zu verleihen und Gedanken und Bewusstseinsströme in digitale Bilder zu übersetzen.

Beispiel: Midjourney

Midjourney ist ein Text-To-Image-Tool, das es User:innen ermöglicht, Beschreibungen und Schlagworte, sogenannte Prompts, einzugeben, die daraufhin in Bilder umgewandelt werden. Je genauer die gewünschten Stile und Szenarien beschrieben werden, desto detailgetreuer die Umsetzung. Jeder Prompt beginnt mit der Anweisung: „imagine". Auch das Hochladen von eigenen Bildern ist möglich, um Vorlagen für die KI-generierten Ergebnisse zu

liefern. Auf der Homepage des Anbieters findet sich folgende Selbstbeschrei-
bung: „Midjourney is an independent research lab exploring new mediums
of thought and expanding the imaginative powers of the human species."
(Vgl. Midjourney). Die Imaginationsfähigkeit des Menschen soll mithin nicht
ersetzt, sondern mithilfe von Midjourney erweitert werden. Um das Tool nutzen zu können, bedarf es in einem ersten Schritt einer Vorstellung dessen,
was die KI in Bildform übersetzen soll. In einem zweiten Schritt wird eine
möglichst präzise Beschreibung dieser Vorstellungen benötigt und in weiteren
Schritten können eventuelle Anpassungen vorgenommen werden. Der gesamte
Prozess der Nutzung von Midjourney setzt die menschliche Imaginationskraft
und ihre Übersetzung in präzise sprachliche Formulierungen voraus. Kritische Perspektiven heben die Gefahr zur Herstellung und Verbreitung von Deep
Fakes, sowie problematische Fragen zum Urheberrecht hervor. ◄

Kritisches Denken

Der Begriff „kritisch" leitet sich aus dem griechischen *krinein* und auch *krisis*
ab und bedeutet ursprünglich so viel wie trennen, urteilen, scheiden und ent-
scheiden (Jahn, 2013). Kritisches Denken wird als Fähigkeit zur differenzierten
Auseinandersetzung mit Fakten und Annahmen gefasst und impliziert mehrere
Komponenten, wie beispielsweise die Fähigkeit zur Reflexion, Argumentation,
Kontextualisierung und die Überprüfung von Schlussfolgerungen (Spector & Ma,
2019). Nach Jahn lassen sich vier Ebenen des kritischen Denkens unterscheiden: Die Ebene der Analyse, der Perspektivität, der Ideologiekritik, sowie der
Konstruktivität (Jahn, 2013). Bei der Analyse wird die Logik der präsentierten
Inhalte hinterfragt und geprüft. Auf der Ebene der Perspektivität werden verschiedene Sichtweisen auf einen Sachverhalt nachvollzogen, Gemeinsamkeiten
und Widersprüche abgeleitet und ein eigener Standpunkt herausgearbeitet. Die
Ebene der Ideologiekritik impliziert einen differenzierten Blick auf die Macht-
verhältnisse, die in Inhalte und ihre Vermittlung eingehen. Die Konstruktivität
impliziert die Lösungsorientierung, die sich aus der differenzierten Auseinandersetzung mit Inhalten ergibt und auch die Anwendung in der eigenen Lebenspraxis
impliziert.

Kritisches Denken und KI
Wird die Definition von kritischem Denken mit KI in Beziehung gesetzt, so stößt
eine Analogie schnell an ihre Grenzen. Auch wenn KI-Systeme in der Lage sind, eine
hohe Komplexität von Daten zu analysieren, in Differenz zu setzen und auszuwerten,

bleibt die Reflexion dieses Vorgangs aus. In der Psychologie wird diese reflektierende Haltung gegenüber den eigenen Gedanken als Metakognition beschrieben (Spector & Ma, 2019). Zusammen mit der Selbstregulation wird sie als weiterer Bestandteil von kritischem Denken gefasst. Auch das kritische Kontextualisieren von Aussagen in einem machtanalytischen Sinne nimmt die KI nicht vor. Eine Übertragung auf die eigene Lebenspraxis, die individuelle Erfahrungen als Teil von kritischem Denken anerkennt, ist für die KI ebenfalls nicht umsetzbar. Wie bei so vielen Begriffen, die versuchen die Prozesse, die KI-Systeme durchlaufen, mit anthropomorphen Beschreibungen zu fassen, stößt auch das kritische Denken als Prinzip an seine Grenzen. Jenseits der Frage, ob KI selbst zum kritischen Denken in der Lage ist, zeichnet sich aber deutlich ab, dass diese menschliche Fähigkeit im Umgang mit KI umso mehr herausgefordert ist (Geiser, 2022). Werden zunehmend mehr KI-generierte Informationen und Daten verbreitet, ist das kritische Hinterfragen, Überprüfen, Kontextualisieren und machtanalytische Reflektieren derselben unabdingbar. Bei diesem Prozess kann wiederum KI als ein Tool fungieren, das den Prozess des kritischen Denkens nicht ersetzt, aber unterstützt.

Beispiel: ChatGPT

Der textgenerierende Chatbot des Unternehmens OpenAI ist seit seiner Veröffentlichung im November 2022 prägender Bestandteil des gesellschaftlichen Diskurses. In einem dialog-ähnlichen Format können User:innen mit dem Chatbot in Interaktion treten und gezielte Fragestellungen eingeben, woraufhin Texte produziert werden, die ggf. auch Verweise auf Quellen und Zitate enthalten. Auch kritische Nachfragen zu den gelieferten Antworten können an ChatGPT gestellt werden. Insbesondere in diesen Folgefragen kann das kritische Denken erprobt und geschult werden, denn noch längst nicht immer sind die Antworten ChatGPTs fehler- oder widerspruchsfrei. Bei wiederholten Nachfragen zu komplexen Zusammenhängen wird deutlich, dass der Chatbot die wiedergegebenen Informationen zwar in einen logischen Zusammenhang stellen, aber nicht unbedingt argumentativ oder reflektierend vertiefen kann. Alle Ergebnisse, die geliefert werden, hängen von der Differenziertheit der Fragestellung ab. Insofern sind die verschiedenen Ebenen des kritischen Denkens und der Metakognition eine relevante Voraussetzung für den zielführenden Gebrauch von ChatGPT. Das System lernt wiederum durch kritische Rückfragen und markiert daraufhin zuweilen die innersystemischen Grenzen des erlernten Wissens (Geiser, 2022). Um diese Grenzen auszuloten, zu erweitern und immer wieder in einen komplexen Zusammenhang zu stellen, ist kritisches Denken unabdingbar, auch wenn das System zuweilen mit einem (erneut anthropomorph formuliert) „gereizten" Ton auf kritisches Nachfragen reagiert.◄

2.2   Kollektive Dimension

Leadership & Change

Als „Erfinder" des Begriffs Leadership gilt vielen Harvard-Professor John P. Kotter, der 1982 – und ausführlicher 1990 in einem Buch („A Force For Change: How Leadership Differs From Management") - den Unterschied zwischen Managern und wahren Führern (Leadern) erläuterte: Manager seien eher Verwalter, Leader dagegen Visionäre. Management stehe eher für das perfekte Organisieren der Abläufe, planen und kontrollieren. Leadership bedeutet dagegen, die Geführten mit Visionen zu inspirieren und zu motivieren. Leadership schaffe Kreativität, Innovation, Sinnerfüllung („Purpose") und Wandel (Hegele & Raih, 2004).

Leadership und KI

Die Einführung von KI-Systemen im Unternehmen ist insbesondere auch eine Leadership &Change-Aufgabe, die den konkreten Nutzen und Mehrwert für die beteiligten Stakeholder (Kund:innen, Mitarbeiter:innen, Business-Partner:innen, Gesellschafter:innen) in den Mittelpunkt stellen sollte (Pütter, 2018). Wie jede neue, strategisch bedeutsame Initiative müssen erfolgreiche KI-Projekte in eine kohärente Unternehmens- und Digitalisierungsstrategie eingebettet sein. Die transformative Kraft liegt nicht in der Technologie allein, sondern vielmehr in der Art und Weise, wie Unternehmer und Führungskräfte die Einführung von KI in der gesamten Organisation proaktiv vorantreiben und Mitarbeiter:innen für den Wandel motivieren und beteiligen. Für Unternehmer und Führungskräfte geht es im Rahmen der Selbstführung darum, sich frühzeitig mit den Potenzialen und Herausforderungen von KI zu beschäftigen und die Auswirkungen auf das eigene Führungsverhalten zu erkennen. Damit setzen sie sich nicht nur an die Spitze dieser innovativen Themen, sondern tragen in ihren Organisationen zur Überlebensfähigkeit bei und sichern so nachhaltig deren Erfolg.

Beispiel: Pernot Ricard

Bei Pernod Ricard, einem weltweit tätigen Spirituosenkonzern, konnte die KI-Technologie erfolgreich in die Geschäftsabläufe integriert werden und sowohl die Effizienz als auch die Unternehmenskultur positiv beeinflusst werden. Die zentralen Erkenntnisse aus dem Anwendungsfall lassen sich wie folgt zusammenfassen (Ransbotham et al., 2021):

- **Klares Zielbild formulieren:** Pernod Ricard hat KI-Technologie implementiert, um die Besuche der Vertriebsmitarbeiter:innen in den Verkaufsstätten zu optimieren. Das KI-System priorisiert, welche Geschäfte besucht werden sollten, basierend auf datengesteuerten Empfehlungen. Dies war ein Bruch mit dem traditionellen Ansatz, bei dem die Verkaufsmitarbeiter:innen auf ihre persönliche Erfahrung und Intuition angewiesen waren, um diese Entscheidungen zu treffen.
- **Vertrauen schaffen:** Entgegen anfänglicher Erwartungen scheinen die Vertriebsmitarbeiter:innen das auf KI basierende System akzeptiert zu haben, da ein klares gemeinsames Zielbild formuliert wurde: KI als wertvolles Werkzeug, das die Vertriebsarbeit hilfreich unterstützt und verbessert, jedoch nicht ersetzen kann. Zentral waren hierfür vertrauensbildende Maßnahmen durch den CDO (Chief Digital Officer), der die Funktionsweise und die Datenbasis hinter den Empfehlungen des KI-Systems klar und transparent kommunizierte.
- **Beteiligen und Verbessern:** Das Analyseteam des Unternehmens führte Interviews mit den Anwendern durch, um weitere Erkenntnisse zu gewinnen und die KI-Empfehlungs-Engine weiter zu kalibrieren. Dies verbesserte nicht nur die Glaubwürdigkeit und das Involvement (Beteiligung) des Tools bei den Vertriebsmitarbeiter:innen, sondern steigerte auch die Effektivität. Das KI-System verbesserte die Effizienz, indem es die relevantesten Geschäfte für Besuche empfahl und gab Empfehlungen für die Listung von Produkten, die zum Profil des Geschäfts passten. Dies gab den Vertriebsmitarbeiter:innen bessere Argumente in ihren Verkaufspräsentationen.
- **Unternehmenskultur stärken:** Über direkte Effizienzgewinne hinaus, scheint die Verwendung von KI einen indirekten Einfluss auf die Unternehmenskultur zu haben. Das Motivationslevel der Mitarbeiter:innen stieg der Studie nach an, da die datengestützten Empfehlungen der KI als wertvolle Unterstützung und Wertschätzung wahrgenommen wurden.◄

Lernbereitschaft

Lernbereitschaft kennzeichnet die Bereitwilligkeit, fehlendes fachliches und methodisches Wissen, tätigkeitsspezifische Qualifikationen und Erfahrungen durch entsprechende Weiterbildungsmaßnahmen zu erwerben. Weiterbildungsbereitschaft ist ein Teil der Lernbereitschaft, sie ist darauf gerichtet, vorhandene Qualifikationen im Rahmen von Weiterbildungsmaßnahmen den sich ständig ändernden Anforderungen der Tätigkeit anzupassen (Helliwood, 2016).

Lernbereitschaft und KI

KI-Systeme werden in den nächsten Jahren in sämtlichen Funktionsbereichen im Unternehmen Einzug halten und zur Wertschöpfung beitragen. Besonders signifikante Veränderungen werden zunächst vor allem in solchen Bereichen entstehen, die sehr stark durch standardisierte und repetitive Aufgaben gekennzeichnet sind (z. B. Call Center, Verwaltung, Logistik, Produktion etc.), wo die Automatisierung voranschreitet (Urbach, 2018). Aber auch qualifizierte Management-, Büro- und Verwaltungsberufe sind bedroht, sämtliche Berufe, die mit strukturierten Abläufen und Daten zu tun haben (Frank et al., 2019). Dabei muss es nicht zwingend zu einem Jobverlust kommen, jedoch ändern sich die Aufgaben und Inhalte und der Bedarf an digitaler KI-Weiterbildung wächst signifikant. Zentrale Aufgabe wird es sein, Lernmethoden und Inhalte zu schaffen, die es Mitarbeiter:innen ermöglicht, für die Kompetenz-Anforderungen der Zukunft gerüstet zu sein.

Beispiel: Tandemploy

Die Advanced Skill Analytics Software des Berliner Unternehmens Tandemploy analysiert Interessen von Mitarbeiter:inne und zeigt so Lerninteressen und Kompetenzlücken (Skill Gaps) innerhalb der Organisation auf. Die Daten werden aggregiert und anonymisiert zur Verfügung gestellt und können eine relevante Grundlage für die strategische (HR-)Arbeit legen. Über die Etablierung einer solchen digitalen und personalisierten Lernkultur kann aus Human Ressources Human Potential werden, die die Mitarbeiter:innen in den Wandel einbindet, empowert und befähigt diesen zu bestehen (Rainter, 2019; v. Borcke, 2022).◄

Empathie

In der Sozialpsychologie wird Empathie beschrieben als „[…] die Fähigkeit sich selbst an die Stelle einer anderen Person zu versetzen und Ereignisse und Emotionen (wie Freude oder Trauer) aus deren Perspektive zu erleben" (Aronson et al., 2008). Ist in den Anfängen der Empathieforschung entweder die emotionale Empathie oder die kognitive Empathie betont worden, wird mittlerweile Empathie als mehrdimensionale Fähigkeit gefasst. Die emotionale Empathie steht für das Mitfühlen und Teilen von Emotionen, die kognitive Empathie beschreibt die geistige Perspektivenübernahme und das Hineinversetzen in die Gedankenwelt des Gegenübers (Frey, 2016). Es wird davon ausgegangen, dass emotionale und kognitive Prozesse des affektiven Nachfühlens und geistigen Perspektivwechsels miteinander verwoben sind und in der Folge empathisches Verhalten ermöglichen (Frey, 2016).

Empathie und KI
Von der Definition menschlicher Empathie ausgehend, stellt sich die Frage, ob KI diese Fähigkeiten ebenfalls entwickeln oder zumindest simulieren kann. Insbesondere in Marketing- und Therapiekontexten kommen KI-generierte Assistenten und Beratungsangebote bereits vermehrt zum Einsatz (Liu-Thompkins et al., 2022), mit unterschiedlicher Akzeptanz und Wirkung. In Abgrenzung zur menschlichen Empathie wird der Begriff der artificial empathy geprägt, der sich auf die KI-generierte Simulation empathischen Verhaltens bezieht. Artificial empathy wird definiert als "[…] the codification of human cognitive and affective empathy through computational models in the design and implementation of AI agents" (Liu-Thompkins et al., 2022). In der Kodifizierung von Empathie durch KI ist eine wesentliche Differenz zum menschlichen Erleben und spontanen Nachfühlen von Emotionen enthalten. Die artificial empathy bezieht sich entsprechend mehr auf die kognitiven Anteile von Empathie, die sich in eine spezifische Sprache und damit Kodes übersetzen lassen. So kann KI beispielsweise beim Ermitteln und Analysieren verschiedener Perspektiven auf eine Situation helfen. Das spontane Affiziertsein durch die Gefühle einer anderen Person ist jedoch an körperliche und emotionale Reaktionen geknüpft, die für die KI nicht übertragbar sind (Liu-Thompkins et al., 2022).

Beispiel: Replika

Replika ist ein Chatbot, der als „virtueller Freund" dienen soll und darauf programmiert ist, möglichst umfassend die Persönlichkeit der User:innen zu analysieren, um bedürfnisorientiert mit ihnen zu kommunizieren und ein Gefühl von Intimität zu erzeugen. In einem ersten Schritt legen User:innen einen Namen für den Chatbot fest, der dann über ein Dialogfenster Fragen und Antworten generiert, die sich an die Sprache und Vorlieben der User:innen anpassen. Auch Social-Media-Profile können für den Zugriff der KI freigeschaltet werden, damit der Chatbot eine umfassendere Analyse der

User:innen vornehmen kann. Auch der Beziehungsstatus (mentor, boyfriend, friend) zum Chatbot kann definiert werden. Auf der Homepage von Replika wird folgendermaßen für die App geworben: "Replika is the AI for anyone who wants a friend with no judgment, drama, or social anxiety involved." Die vermeintlichen „Schwierigkeiten" von analogen sozialen Beziehung können, so legt es die Werbung nahe, mithilfe des „virtuellen Freundes" überwunden werden. Es wird außerdem damit geworben, dass sich durch die Benutzung die mentale Gesundheit der User:innen steigern ließe und auch die Persönlichkeitsentwicklung gefördert werde. Die Gründungsgeschichte von Replika beginnt mit dem Tod eines jungen Mannes, dessen traumatisierte Freundin einen Prototyp der App programmiert, um eine fortgesetzte virtuelle Kommunikation mit ihm zu simulieren (Possati, 2022). Mit Blick auf die Definitionen von Empathie wird deutlich, dass Replika zwar kognitiv-empathische Kommunikationsabläufe auswerten und kodieren kann, aber nicht zur emotionalen Empathie befähigt ist. Ob dies eine analoge Freundschaft ersetzen kann, bleibt fragwürdig. Kritische Analysen der App verweisen neben mangelnder Transparenz und Gefahren für Minderjährige sowie psychisch-labile Personen, auf Verstöße gegen die DSGVO (Krempl, 2023).◄

Konnektivität

Der Begriff der Konnektivität wird in verschiedenen Kontexten verwendet. Bereits im Jahr 1999 konstatierte Tomlinson, dass eine weltweite Konnektivität charakteristisch für das moderne soziale Leben sei (Rohn, 2014). Anders als es die Vision des „global village" nach Marshall Mc Luhan entwarf, bringe diese Vernetzung der Welt Menschen nicht zwangsläufig näher zusammen, sondern beziehe sich vielmehr auf eine Zunahme grenzüberschreitender Vernetzungen, die in den unterschiedlichsten Bereichen und Prozessebenen stattfinden (Rohn, 2014) Diese Konnektivitäten lassen sich in den Folgen der Globalisierung beobachten (Krotz, 2014), aber auch in der Etablierung sozialer Netzwerke, sowie in einer Umstrukturierung des Arbeitsmarktes unter Schlagworten wie „New Work" und „Remote Work", die eine Konnektivität weit über den physischen Arbeitsplatz hinaus mitdenken. Unter dem Begriff „digitale Konnektivität" wird die „[…] Herstellung dauerhafter datentechnischer und zugleich sozialer Verbindungsmöglichkeiten zwischen Personen und/oder technischen Systemen über die Grenzen zwischen Erwerbsarbeit und anderen Lebensdomänen hinweg" (Nowak et al., 2019) gefasst. Die soziale und technologische Konnektivität verwebt sich zunehmend und bringt damit neue Netzwerkeffekte, Chancen, aber auch Herausforderungen mit sich.

Konnektivität und KI

Auch die Bezüge zwischen Konnektivität und KI sind vielschichtig. Auf einer praxisorientierten Ebene geht mit der Implementierung von KI-Systemen ein höherer Bedarf an infrastrukturellen Netzwerktechnologien einher. Um einen kontinuierlichen Datenfluss zu ermöglichen, wird dazu die Verlegung von Glasfaserkabeln, sowie der Ausbau von 5G in Deutschland vorangetrieben. KI-Systeme werden vermehrt auch in der Logistik und Produktion eingesetzt, um die komplexen Abläufe von Fertigungs- und Lieferketten zu analysieren und zu optimieren (Murrenhoff et al., 2021).

In sozialen Medien strukturiert KI Vernetzungseffekte, indem beispielsweise Chatbots zum Einsatz kommen, KI-basierte Empfehlungen und Filter auf angezeigte Inhalte einwirken, personalisierte Werbung geschaltet wird und auch User:innenzentrierter Content mithilfe von KI-Technologie produziert werden kann.

Kritik wird in diesem Zusammenhang vor allem an der Bildung von sogenannten „Echokammern" laut, die nicht etwa ein grenzüberschreitendes Diskutieren und Austauschen ermöglichen, sondern zu meinungsbestätigenden, zirkulären Effekten und Affekten führen (Mühlhoff et al., 2019).

Beispiel: Socialbakers

Socialbakers ist ein Tool, um mithilfe von KI mehr Informationen aus Social-Media-Profilen abzuleiten. Dies kann dabei helfen, das eigene Netzwerk besser kennenzulernen, Muster in den Bedürfnissen und Vorlieben der Zielgruppen zu erkennen und entsprechend professionalisierte Inhalte zu generieren. Auch bei der Suche nach passenden Influencer:innen verspricht das Tool Abhilfe.

In dem Angebot der Plattform ist impliziert, dass durch die Vergrößerung von Social-Media-Accounts und insbesondere bei hohen Reichweiten mit vielen Follower:innen nicht immer eindeutig ist, warum Personen einem Account folgen. Die Netzwerklogik kann dazu führen, dass ein hoher Grad an Anonymität besteht und die Beweggründe für die Vernetzung in der regulären Nutzung der Plattformen intransparent bleiben. Socialbakers verspricht, diesen Tendenzen entgegenzuwirken und das eigene Netzwerk mithilfe von KI besser kennenzulernen. ◄

Vertrauen

Vertrauen ist zukunftsbezogen und beruht zugleich auf Erfahrungen in der Vergangenheit. Vertrauen hat mit Vagheit und eingeschränkter Antizipierbarkeit der

Praxis und des Verhaltens des anderen zu tun. Vertrauen beinhaltet, durch den Verzicht auf Kontrolle, individuelle Verletzbarkeit und erweitert individuelle Handlungsmöglichkeiten. Vertrauen ist ein Zustand zwischen Wissen und Nicht-Wissen: Jemand, dem alle relevanten Umstände seines Handelns bekannt sind, braucht nicht zu vertrauen, während jemand, der nichts weiß, nicht vertrauen kann (Clases & Wehner, 2000). Vertrauen braucht „gute Gründe", die sich aus Vernunft, Routinen und Erfahrungen ergeben. Letztlich aber wird es durch das Aufheben von Ungewissheit geschaffen (Möllering, 2006).

Vertrauen und KI
KI als ebenso vielschichtige wie komplexe Technik ist zwingend auf Vertrauen der Anwender angewiesen. Umgekehrt gilt: schwindende Vertrauenswürdigkeit in KI resultiert regelmäßig in Ablehnung (Reaktanz) durch Kund:innen und Mitarbeiter:innen (Keber, 2019). Wenn KI-Systeme das Kundenerlebnis nicht vereinfachen oder bereichern, werden sie von Kund:innen regelmäßig nicht akzeptiert. So werden z. B. Chatbots von jedem zweiten Online-Käufer abgelehnt, da die Kommunikationsform als zu unpersönlich und als (noch) zu unausgereift empfunden wird (Fittkau, 2017). Daher sollte erst wenn klar ist, welche digitalisierten Prozesse seitens der Kund:innen/der Stakeholder erwartet und akzeptiert werden, Systeme der künstlichen Intelligenz eingesetzt werden (Gentsch, 2018).

Die Vertrauenswürdigkeit von KI-Systemen ist dabei nicht gleichzusetzen mit dem Vertrauen der Nutzer:innen in die Technologie. Vertrauenswürdigkeit muss hergestellt werden. (Ammicht-Quinn, Acatech, 2020). Dazu müssen KI-Systeme nicht nur sicher, transparent und ethisch unbedenklich sein, die Anwender:innen der Systeme müssen auch um die Chancen und Grenzen der KI-Systeme wissen, um sie zuverlässig einsetzen zu können. Unternehmen sollten daher nur solche KI-Systeme in Betracht ziehen, deren Ergebnisse nachvollziehbar und erklärbar („Explainable AI") sind sowie eigene Compliance, Ethik und Sicherheits-Leitlinien für den Umgang mit KI-Systemen entwickeln und implementieren. Auch für das Change Management in Unternehmen ist es wichtig, dass Mitarbeiter:innen in Zeiten des Wandels Vertrauen in die eigenen Fähigkeiten und den Umgang mit Innovationen entwickeln (Plohr, 2023). Es sind dabei menschliche Kompetenzen, die nötig sind, um Vertrauen in die KI aufzubauen, denn hinter jedem KI-System stehen Menschen, die es entwickeln, trainieren und einsetzen.

Beispiel: BMW

Der BMW-Konzern plant den Einstieg in das Geschäft mit selbstfahrenden Autos und hat die Zulassung für automatisiertes Fahren der Stufe 3 in Deutschland erhalten. Dies bedeutet, dass BMW-Fahrzeuge zeitweise vollständig autonom fahren dürfen, sodass der Fahrer seine Hände und Aufmerksamkeit vom Verkehrsgeschehen nehmen kann, um beispielsweise Videos anzusehen oder E-Mails zu beantworten. Diese Entwicklung stellt einen Paradigmenwechsel dar, da deutsche Hersteller erstmals die Haftung für das autonome Fahren übernehmen (Fasse & Hubik, 2023).

Doch würden Sie sich von einem Computer fahren lassen? Viele Menschen fühlen sich nicht wohl bei dem Gedanken und vertrauen den autonomen Fahrzeugen noch nicht ausreichend (Plattform Lernende Systeme, 2022). Dabei prüfen unterschiedliche Studien systematisch die Einflüsse auf das Vertrauen in autonome Fahrzeuge. Choi und Ji (2015) nennen drei Einflussfaktoren: **die Transparenz des Systems** (d. h. der Fahrer sieht das System als verständlich und berechenbar an), **die technische Kompetenz des Systems** (d. h. der Fahrer bewertet das System als zuverlässig; vgl. Gold et al., 2015) und die **wahrgenommene Situationskontrolle** (d. h. der Fahrer glaubt an effektive Unterstützung durch das System und kann, wenn gewünscht, eingreifen) (zitiert n. Strowitzky et al., 2021).◄

2.3   Gesellschaftliche Dimension

Ethik

Unter Ethik versteht man seit Aristoteles eine Disziplin der Philosophie, nämlich die methodisch geleitete Reflexion auf die das menschliche Handeln bestimmende Moral (von lateinisch mores = Sitten) unter dem Gesichtspunkt der Moralität. Unter Moral ist dabei das von einer gegebenen gesellschaftlichen Gruppe als verbindlich betrachtete Muster von Einstellungen, Haltungen, Regeln und/oder Normen des Handelns zu verstehen (Honnefelder, 2022).

Ethik und KI
Ethik und die Domäne der künstlichen Intelligenz (KI) unterhalten ein komplexes und tiefgehendes Verhältnis, da die Entstehung, Implementierung und

Applikation von KI-Systemen eine Vielzahl von ethischen Fragestellungen und Herausforderungen aufwirft (Fritz et al., 2019).

Verantwortlichkeit und Transparenz: Die ethische Dimension in der KI verlangt, dass Entwickler und Institutionen die uneingeschränkte Verantwortung für die von ihnen hervorgebrachten KI-Systeme übernehmen. Dies schließt eine elementare Transparenz bezüglich der Funktionsweise von KI-Algorithmen ein, um Nutzern die Möglichkeit zu geben, die Entscheidungsprozesse nachzuvollziehen („Explainable AI").

Bias und Gerechtigkeit: Die Schwierigkeit, Vorurteile und Diskriminierung durch KI-Systeme zu perpetuieren, insbesondere aufgrund von unvollständigen oder verfälschten Daten, stellt eine ethische Verpflichtung dar, die Gerechtigkeit und Vorurteilsfreiheit in KI-Systemen sicherzustellen, um ungleiche Auswirkungen auf diverse Bevölkerungsgruppen zu eliminieren.

Datenschutz: Ethik in der KI bedingt zudem den Schutz der Privatsphäre der Benutzer. Dies erfordert eine sichere und vertrauliche Datenverarbeitung durch KI-Systeme sowie die Achtung der Einwilligung der Benutzer in Bezug auf die Sammlung und Verwendung ihrer Daten.

Sicherheit: Die ethische Prämisse umfasst darüber hinaus die Gewährleistung der Sicherheit von KI-Systemen, um Schäden und Missbräuche zu verhindern.

Soziale Auswirkungen: Ethik in der KI impliziert das Einbeziehen der potenziellen Auswirkungen von KI-Technologien auf die Gesellschaft, einschließlich Überlegungen zur KI-bedingten Arbeitslosigkeit, sozialen Disparitäten, Ressourcenverbrauch und dem Zugang zu KI-Technologie.

Entscheidungsfindung und Haftung: Bei KI-Systemen, die Entscheidungen treffen, entstehen ethische Fragestellungen in Bezug auf die Verantwortlichkeit im Fall von Fehlern oder Schäden. Es ist zentral, klare Verantwortlichkeiten und Mechanismen zur Überprüfung von KI-Entscheidungen festzulegen.

Langfristige Implikationen: Ethik in der KI beinhaltet die umfassende Überlegung der langfristigen Auswirkungen dieser Technologie auf die Menschheit, darunter Fragen zur Autonomie von KI-Systemen, zur Vorstellung einer Superintelligenz und zur Kontrolle über KI.

Juristische Rahmenbedingungen: Ethik und rechtliche Bestimmungen in Bezug auf KI sind eng verwoben. Die ethische Grundlage kann als Orientierung für die Entwicklung von Gesetzen und Vorschriften dienen, die die Entwicklung und Anwendung von KI regulieren.

In der Gesamtschau ist es das Ziel der Ethik in der KI, sicherzustellen, dass KI-Technologien im Einklang mit den Interessen der Gesellschaft eingesetzt werden und die grundlegenden ethischen Werte und Prinzipien achten.

Beispiel: Siemens Healthineers

Anders als der Mensch ermüdet Künstliche Intelligenz nicht. Sie liefert immer die gleiche standardisierte Qualität – auch nach einem langen Arbeitstag. Deshalb können bestimmte Aufgaben, die in der klinischen Routine viel Zeit in Anspruch nehmen, automatisiert und standardisiert werden, um Ärzt:innen von mühsamen und sich wiederholenden Aufgaben zu entlasten und gleichzeitig Patient:innen eine präzise Diagnose und Behandlung zu ermöglichen. Im Bereich der Früherkennung und Diagnose hat Siemens Healthineers eine Reihe von „automatisierten Helfern" entwickelt, um Arbeitsabläufe zu beschleunigen – und einige von diesen kommen speziell bei der Diagnose und Behandlung von Krebs zum Einsatz.

Basierend auf Deep-Learning-Algorithmen kann diese Familie von „AI-Rad Companion"-Anwendungen eine Vielzahl von Funktionen unterstützen. Weil KI bestimmte Schritte automatisiert, bleibt mehr Zeit für individuelle Patient:innen, die dann von einer frühzeitigen Diagnose und, falls erforderlich, Behandlung profitieren können. Studien des Unternehmens haben gezeigt, dass die durchschnittliche Interpretationszeit für Radiolog:innen um etwa 22 % gesenkt werden kann, wenn KI zur Unterstützung für das Auslesen, also zur Befundung, von Computertomographie(CT)-Bildern des Brustkorbs eingesetzt wird (Palder, 2023).

Für den Medizinbereich hat der Deutsche Ethikrat Empfehlungen entwickelt, unter anderem für die Qualitätssicherung bei der Entwicklung und Nutzung von KI-Produkten, für die Vermeidung ärztlicher Kompetenzverluste durch KI und für den Datenschutz von sensiblen Patientendaten (Ethikrat, 2023).◄

Gesundheit

Die erste positive Formulierung eines Gesundheitsbegriffs, der über die Abwesenheit von Krankheit hinausreicht, wird 1948 von der WHO definiert: „Gesundheit ist der Zustand des vollständigen körperlichen, geistigen und sozialen Wohlbefindens und nicht nur des Freiseins von Krankheit und Gebrechen" (Lippke & Renneberg, 2006). Gesundheit reicht entsprechend über die körperliche Verfassung hinaus und bezieht mentale und soziale Faktoren mit ein. Mittlerweile werden außerdem die Komponenten der Leistungsfähigkeit, Sinnfindung und Selbstverwirklichung als Teil von ganzheitlicher Gesundheit berücksichtigt (Lippke & Renneberg, 2006). Gesundheit wird außerdem als dynamischer Prozess betrachtet. Das „vollständige Wohlbefinden" ist ein relativer Zustand, der von multifaktoriellen Bezügen abhängt und sich immer wieder neu und anders einstellen kann. Diese prozessuale Logik wird auch in salutogenetischen Ansätzen anerkannt, die anerkennen, dass Gesundheit immer wieder auf ein Erhalten und Wiederherstellen des biopsychologischen Gleichgewichts abzielt. Stressoren werden in diesem Modell nicht nur als Risikofaktoren, sondern auch als Resistenz-fördernde Impulse betrachtet, die gesundheitsfördernd wirken können.

Gesundheit und KI
Im Gesundheitssektor wird KI bereits vielfältig eingesetzt. In der Prävention können beispielsweise Wearables zum Einsatz kommen, die körpereigene Daten aufzeichnen und diese anschließend mit einem umfassenden Datenpool vergleichen. Auch in der Diagnostik werden bereits KI-unterstützt bildautomatisierte Analysen durchgeführt, die auf Algorithmen beruhen, die Muster erkennen und Vorhersagen treffen können (Ahmidi, 2023). Auch in der Therapie kommt KI zum Einsatz. So werden bereits roboterassistierte Operationen durchgeführt, die eine hohe Präzision und ein minimalinvasives Vorgehen ermöglichen. Auch in der Phase der Nachsorge ist KI im Einsatz, wenn beispielsweise nach Knie-Operationen das bereits wiedererlangte Bewegungsspektrum gemessen und daraufhin individuell therapiert werden kann. Eine Zukunftsvision der KI-basierten Gesundheitstechnologie entwirft den sogenannten „Digitalen Zwilling", der ein virtuelles Abbild des physischen Körpers beschreibt und auf einem umfassenden Datensatz des individuellen Körpers beruht. Anhand des digitalen Zwillings können dann beispielsweise verschiedene Therapiemöglichkeiten, medikamentöse Behandlungen, aber auch Lebensstil-Veränderungen erprobt werden, bevor diese am physischen Körper Anwendung finden (Venkatesh et al., 2022). Die Entwicklung des digitalen Zwillings ist noch in den Anfängen, zu ungenau und unvollständig sind noch die Datensätze des individuellen Körpers und des Datenpools, mit dem dieser vergleichend ausgewertet werden könnte. Den komplexen Informationsfluss des Gehirns zu simulieren, ist bisher noch unmöglich (Schroeder, 2022). Eng verwoben mit dem KI-Gesundheitsdiskurs ist die Frage nach dem Vertrauen der Patient:innen in die Technologien (Asan et al., 2020). Dieses hat maßgeblichen Einfluss auf den Erfolg

von Therapien und führt zum definierten ganzheitlichen Verständnis von Gesundheit zurück.

Beispiel: Ada Health

Die App Ada ist ein KI-basiertes Diagnosetool, das User:innen gezielte Fragen zu ihren beschriebenen Symptomen stellt, die gegebenen Antworten auswertet und am Ende des Prozesses Diagnosen erstellt, die auf dem Vergleich mit anderen User:innen und Datensätzen beruhen. Mit der App soll ein professionelles Analysetool geboten werden, das auf medizinisch fundiertem Wissen beruht und der ungesteuerten Selbstdiagnose durch Internetrecherche entgegenwirkt. Am Ende des Prozesses wird eine Diagnose gestellt, die sich aus dem Vergleich mit dem bereits erhobenen Datenpool ergibt. Die Wahrscheinlichkeit des Ergebnisses wird offengelegt und in Relation zu anderen User:innen gestellt. Auch der Gang zum Arzt wird im Zweifel empfohlen.◄

Nachhaltigkeit

Nachhaltigkeit ist ein ebenso vielschichtig angewandter wie definierter Begriff. Seinen Ursprung findet er in der Forstwirtschaft, wo ihn erstmals Carl von Carlowitz (1713) verwendete, um voranzutreiben, dass immer nur so viele Bäume abgeholzt wie neue gepflanzt werden dürften (Frey, 2016). In der zweiten Hälfte des 20. Jahrhunderts wurde der Begriff deutlich erweitert und fand unter dem Schlagwort „nachhaltige Entwicklung" Einzug in das internationale Politikgeschehen. In der Definition von Nachhaltigkeit durch die Vereinten Nationen aus dem Jahr 1987 ist enthalten, dass nachhaltige Entwicklung die Bedürfnisse der Gegenwart ebenso wie die der zukünftigen Generationen berücksichtige.

1998 integrierte die Enquete-Kommission des deutschen Bundestages das sogenannte Drei-Säulen-Modell, das ökonomische, ökologische und soziale Dimensionen von Nachhaltigkeit berücksichtigt. Inzwischen wird auch dieses Modell erweitert und beispielsweise in Form des „Magischen Hexagons einer zukunftsfähigen Entwicklung" nach Klaus Seitz durch demokratische Partizipation, kulturelle Selbstbestimmung und gewaltfreie Konfliktkultur ergänzt. Im Jahr 2015 haben sich die Vereinten Nationen auf die Agenda 2030 geeinigt, in der 17 SDGs (Sustainable Development Goals) festgelegt sind, die sich an der Multidimensionalität von Nachhaltigkeit orientieren.

Nachhaltigkeit und KI
Es lassen sich zwei grundlegende Perspektiven auf die Verbindung von nachhaltiger Entwicklung und KI unterscheiden. Zum einen stellt sich die Frage, wie KI eingesetzt werden kann, um Nachhaltigkeit zu fördern (AI for sustainabilty) und zum anderen ist fraglich, wie nachhaltig der Einsatz von KI (sustainability of AI) selbst bewertet wird (van Wynsberghe, 2021). So wurde beispielsweise schon 2016 von dem Google-Tochterunternehmen Deepmind berichtet, dass mithilfe von KI ein Rechenzentrum von Google so effizient gekühlt werden konnte, dass der Energieverbrauch um vierzig Prozent sank und damit nicht nur ökologische, sondern auch ökonomische Faktoren verbessert werden konnten (Evans & Gao, 2016). Andererseits verbrauchen KI-Systeme ihrerseits enorme Ressourcen, was sich vor allem in der Trainingsphase von Systemen wie ChatGPT zeigt. Werden zukünftig noch größere Modelle entwickelt, stößt neben dem Energieverbrauch auch die Rechenleistung an ihre Grenzen (Patel, 2023). Die notwendigen Datenzentren, die für das Training von KI fungieren, benötigen ihrerseits hochentwickelte Chips und Hardware, für die neben anderen Mineralstoffen vor allem Kobalt benötigt wird, das wiederum oft unter menschenunwürdigen Bedingungen abgebaut wird und damit die soziale und ökologische Problematik zugleich verschärft (Albrecht, 2023). Als soziale Nachhaltigkeit unter Bezug auf KI fassen Rohde et al. „[…] dass die Würde des Menschen respektiert wird, keine Menschen ausgeschlossen, benachteiligt oder diskriminiert werden und die menschliche Autonomie und Handlungsfreiheit durch KI-Systeme nicht eingeschränkt werden darf" (Rohde et al., 2021). Diese Definition verweist zugleich auf eine systemische Dimension von KI, in deren Algorithmen sich teilweise ein „encoded bias" fortsetzt (Ferrer et al., 2020).

Um eine nachhaltige Entwicklung von und mit KI anzustreben, ist eine Auseinandersetzung mit diesen eingeschriebenen Mustern unausweichlich.

Beispiel: APLASTIK-Q

Das Deutsche Forschungszentrum für Künstliche Intelligenz (DFKI) hat einen Algorithmus entwickelt, der bei der Müllsichtung und -klassifizierung hilft. Mithilfe von Kameras und Drohnen werden Bilder von Flüssen und Gewässern erstellt, die dann mithilfe der KI in einem Zwei-Stufen-Verfahren ausgewertet werden. KI fungiert zugleich als Plastikmüll-Detektor und Plastikmüll-Quantifizierer, was die gezielte Müllentsorgung durch lokale Behörden erleichtern und auch die Ursachenbekämpfung fördern soll. Das System ist bereits in Europa und Südostasien im Einsatz.◄

Purpose

In einer allgemeinen Definition des Begriffs nach Ryff lässt sich Purpose als Zuschreibung von Richtung, Intentionalität und Integration der verschiedenen Lebensbereiche fassen (Krügl, 2022). Dabei wird das individuelle Sinnempfinden, das subjektive Gefühl von Lebenssinn, Zielgerichtetheit und Intentionalität als Resultat einer intakten psychischen Gesundheit betrachtet. In einer Erweiterung der Definition werden neben dem Gefühl der individuellen Bedeutsamkeit die geteilten Wertevorstellungen einer Gemeinschaft oder eines Teams als Purpose beschrieben (Rosso et al., 2010). In beruflichen Kontexten zeigte sich, dass Mitarbeiter:innen zu besseren Leistungen motiviert sind, wenn sie den prosozialen Sinn ihrer Tätigkeit erkennen (Grant, 2008). Der Purpose von Unternehmen und Individuen kann sich unter verändernden Umweltbedingungen anpassen. Im sogenannten Golden Circle nach Simon Sinek steht der Purpose als das „Warum" jeder Unternehmung im Zentrum, und wird in zwei äußeren Kreisen durch das „Wie" und das „Was" ergänzt (Sinek, 2009). Damit können Unternehmen, aber auch Individuen einen langfristigen Purpose formulieren und verfolgen, diesen jedoch in unterschiedliche Zusammenhänge übersetzen.

Purpose und KI

In der Debatte um den vermehrten Einsatz von KI stellt sich immer wieder auch die Frage nach der Sinnhaftigkeit der Implementierungen. So ist es beispielsweise im Rahmen eines Change Managements in einem Unternehmen unerlässlich, die konkreten Ziele der Integration neuer Systeme offenzulegen und ggf. mit dem Corporate Purpose, den gemeinsamen Wertvorstellungen und Leitsätzen abzugleichen (Stowasser et al., 2020). Auf einer individuellen Ebene lässt sich durch die Auseinandersetzung mit KI die Frage nach der Sinnhaftigkeit des Lebens neu stellen. Drei Perspektiven sind dabei richtungsweisend:

Zum einen besteht die Sorge, dass durch die Übernahme bestimmter Aufgaben durch KI auch das Gefühl der Sinnhaftigkeit schwinden könnte (Nyholm & Rüther, 2023). Erledigt KI all die kleinen und großen Aufgaben, an der Menschen ihre Intelligenz erproben und Selbstwirksamkeit entfalten, können sogenannte „meaningfulness gaps" entstehen (Nyholm & Rüther, 2023). Andererseits wäre durch die KI-Übernahme von Aufgaben, die als sinnlos oder repetitiv empfunden werden, mehr Zeit und Raum gegeben, um sich dem individuellen Purpose als Gefühl von Lebenssinn zu widmen. In einer dritten Perspektive ist eine Steigerungslogik enthalten, die in Aussicht stellt, dass sich das Gefühl Sinnhaftigkeit durch die KI-gestützte Arbeit und Kreativität noch potenzieren ließe.

Beispiel: Paradox

Paradox ist ein Recruiting Tool, das verspricht, Einstellungsprozesse schneller und effizienter zu gestalten. Mithilfe des Chatbots „Olivia" werden Bewerbungsgespräche durchgeführt, die den Auswahlprozess beschleunigen sollen. Der Bot beantwortet jederzeit Fragen der Bewerber:innen und übernimmt auch Terminplanungen und Erinnerungen. Mithilfe eines animierten Assessments sollen außerdem Persönlichkeitsmerkmale der Bewerber:innen ermittelt und damit eine genauere Passung zwischen Jobbeschreibung und Person erreicht werden. Mithilfe des Systems kann ggf. mehr Zeit in den Purpose des Unternehmens investiert werden, da eine Vorauswahl von Bewerber:innen durch die KI getroffen wird. Auch die Passung zwischen dem individuellem Purpose der potenziellen Neuzugänge und dem Corporate Purpose des Unternehmens kann KI-basiert überprüft werden. Einer Hoffnung auf mehr Fairness und Objektivität in KI-basierten Bewerbungsprozessen steht dabei gleichzeitig die Sorge um mögliche Entscheidungsfehler und Entmenschlichung entgegen (Verhoeven, 2019).◄

Resilienz

Etymologisch geht der Begriff Resilienz auf das lateinische Wort *resilere* zurück, was soviel wie *abprallen* bedeutet. Aus dem Englischen abgeleitet lässt sich der Begriff mit *Spannkraft, Elastizität* oder *Widerstandskraft* übersetzen (Engelmann, 2014; Heller, 2019). In der Psychologie wird Resilienz als die psychische Widerstandsfähigkeit eines Menschen gefasst, die es nicht nur ermöglicht, Herausforderungen zu meistern, sondern auch an ihnen zu wachsen und zu reifen (Heller, 2019). Resilienz umfasst diverse Prinzipien, die auch als Säulen oder Kompetenzen bezeichnet werden und in der Summe zu einer erhöhten Resilienz beitragen. Diese Säulen der Resilienz variieren je nach Fachrichtung und Forschungsstand, umfassen aber übergreifende Themenfelder wie Selbstwirksamkeit, Ressourcenbewusstsein und auch Optimismus (Engelmann, 2014). Resilienz erfährt insbesondere in Krisenzeiten eine erhöhte Aufmerksamkeit und erstreckt sich über die Psychologie hinaus auf Bereiche der Ökologie, Ökonomie und auch der Digitalisierung (Wittpahl, 2023). Dabei wird jeweils die Widerstandfähigkeit von Systemen in Krisenzeiten bzw. unter sich verändernden Umständen betrachtet.

Resilienz und KI
Die Verbindungen zwischen KI und Resilienz sind vielschichtig. Zwei Haupttendenzen können folgendermaßen zusammengefasst werden:

1. Auch KI selbst kann als ein System verstanden werden, das unter wechselnden und krisenhaften Bedingungen Resilienz entwickelt und entsprechende Anpassungen vornimmt (Wittenbrink et al., 2023). Eine resiliente KI zeichnet sich durch Robustheit, Sicherheit, Genauigkeit, Zuverlässigkeit, aber auch Verständlichkeit und Nachvollziehbarkeit aus. KI-Resilienz schließt in dieser Definition techno-soziologische Aspekte wie die Akzeptanz und das Vertrauen mit ein (Wittenbrink et al., 2023).
2. KI wird als Hilfsmittel eingesetzt, um die Resilienz ökologischer Systeme zu steigern. Gleichzeitig verbraucht die Entwicklung und der Einsatz von KI natürliche Ressourcen, was wiederum die zu stabilisierenden Ökosysteme in ihrer Resilienz herausfordert (Schulzki-Haddouti, 2021).
3. Der technologische Wandel und insbesondere der vermehrte Einsatz von KI verstärkt Gefühle von Unsicherheit und Zukunftsangst in Zeiten von VUCA, das als Akronym für „Volatility", „Uncertainty", „Complexity" und „Ambiguity" steht (Lenz, 2019). Resilienz wird insbesondere unter VUCA-Bedingungen zu einer Kernkompetenz, die sich allerdings ihrerseits in Verständnis und Anwendung an die Komplexität der Zeit anpassen muss (Lenz, 2019).
4. KI kann als Hilfsmittel für das Resilienztraining eingesetzt werden.

Beispiel: imsimity GmbH

Die imsimity GmbH hat sich auf KI basierte Ausbildungsprogramme für Rettungskräfte spezialisiert. Mithilfe von einer Virtual Reality Brille und einer Rettungskettensäge werden verschiedene Unfall- und Gefahrenszenarien simuliert, in denen die Proband:innen den Ernstfall üben. Der Mixed Reality-Simulator ChainSAW VR ermöglicht es, verschiedene Schnitt-Techniken mit der Motorsäge auszuprobieren, ohne dass reale Materialien verwendet werden. Aufsteigender Rauch, hohe Flammen, Trümmerteile und schlechte Sicht werden simuliert. Durch die Immersion, das Eintauchen in die digital vermittelte Umwelt kann die Gefahrensituation auch auf emotionaler Ebene durchlebt und damit Resilienz für ähnliche Situationen im konkreten Einsatz entwickelt werden.

KI wird hierbei eingesetzt, um die Erfahrungsstufe der Proband:innen zu ermitteln und im Anschluss an die Übung Trainingspläne für die Verbesserung der individuellen Fähigkeiten zu empfehlen.◄

Wenn die Technologien der künstlichen Intelligenz auf Akzeptanz stoßen sollen, müssen diese zum Wohl von Menschen entwickelt werden. Ein solcher menschengerechter Ansatz („Human-Centered AI") kehrt die Betonung von Algorithmen und KI-Methoden um, indem er den Menschen in den Mittelpunkt des Systemdesigns stellt und ethische, rechtliche und soziale Aspekte berücksichtigt (Schneiderman, 2020).

Nachfolgend werden **zehn Prinzipien** vorgestellt, die nötig sind, um KI menschengerecht zu entwickeln:

1. **Transparenz und Erklärbarkeit:** KI-Systeme sollten transparent sein und ihre Funktionsweise erläutern können. Dies ermöglicht es den Nutzern und Stakeholdern, die von Algorithmen des maschinellen Lernens erzeugten Ergebnisse und Ausgaben zu verstehen und ihnen zu vertrauen („Explainable AI", Turri, 2022).

2. **Fairness und Gerechtigkeit:** Entwickler sollten sicherstellen, dass KI-Systeme keine Diskriminierung verstärken und fair gegenüber allen Bevölkerungsgruppen sind. Dies erfordert sorgfältige Datenauswahl und -bereinigung, um Vorurteile zu vermeiden. Bei „fairer KI" besteht das Ziel darin, Systeme bereitzustellen, die sowohl Vorurteile quantifizieren als auch die Diskriminierung von Untergruppen abschwächen. (Barocas & Selbst, 2016).

3. **Datenschutz und Privatsphäre:** Datenschutz und Künstliche Intelligenz (KI) befinden sich in einem Spannungsfeld, da KI von Menschen lernt, also auch personenbezogene Daten ausgewertet werden könnten. Die erwarteten KI-Vorteile und die Datenschutz-Risiken müssen immer gleichzeitig

Y. P. von Borcke und N. Plohr, *Metaskills*, essentials,
https://doi.org/10.1007/978-3-658-44028-2_3

betrachtet werden (Schonschek, 2023). Es ist daher wichtig, die Privatsphäre von User:innen zu respektieren und sicherzustellen, dass persönliche Daten angemessen geschützt sind.

4. **Sicherheit und Robustheit:** KI-Systeme sollten gegen Missbrauch und Angriffe geschützt sein und robust gegenüber unerwarteten Eingaben und Szenarien sein, um gefährliche Situationen zu vermeiden. Gleichzeitig können KI-Technologien in menschenzentrierte Arbeitsabläufe integriert werden und dabei sensible Daten schützen helfen (MIT, 2023).

5. **Ethik und Verantwortung:** Entwickler und Organisationen sollten ethische Grundsätze und Verantwortung fördern und sicherstellen, dass KI-Systeme im Einklang mit diesen Prinzipien arbeiten. Ohne ethische Leitplanken besteht die Gefahr, dass KI-Vorurteile und Diskriminierung aus der physischen Welt reproduziert, und grundlegende Menschenrechte und Freiheiten bedroht. Die UNESCO hat hierzu mit der „Empfehlung zur Ethik der künstlichen Intelligenz" den ersten globalen Standard zur KI-Ethik vorgelegt. Dieser Rahmen wurde von allen 193 Mitgliedstaaten angenommen (UNESCO, 2021).

6. **Benutzerzentriertheit:** KI-Systeme sollten die Bedürfnisse und Erwartungen der Nutzer in den Mittelpunkt stellen. Hierbei hat sich der Design-Thinking-Ansatz bewährt, der sich auf das Verständnis der Bedürfnisse der Nutzer konzentriert. Der Einsatz von KI im Design-Thinking-Prozess eröffnet dabei neue Möglichkeiten in eine menschengerechte Gestaltung: **besseres Verständnis** auf Basis von Nutzerdaten, **Anpassung in Echtzeit** an das Verhalten und an die Vorlieben und damit eine Steigerung der Agilität im Designprozess sowie, **vorausschauendes Design:** KI-Algorithmen können anhand historischer Daten das Verhalten und die Vorlieben der Nutzer vorhersagen, so dass Designer Lösungen entwerfen können, die die Bedürfnisse und Wünsche der Nutzer vorwegnehmen, bevor diese sie überhaupt realisieren (Johnston, 2023).

7. **Kollaboration zwischen Mensch und Maschine:** KI sollte als Werkzeug betrachtet werden, das die menschliche Intelligenz und Fähigkeiten ergänzt, anstatt sie zu ersetzen. Signifikante Vorteile für Organisationen sind nur dann zu erwarten, wenn Unternehmen vielfältige und effektive Wege finden, wie Menschen und Künstliche Intelligenz zusammenarbeiten und lernen können. Nicht nur das Lernen der Künstlichen Intelligenz rückt dabei in den Fokus, sondern das gegenseitige Lernen von Mensch und Maschine (Bergmann, 2022).

8. **Leadership & Change:** Führungskräfte sind nicht nur für die Umsetzung von technologischen Neuerungen zuständig, sondern müssen ihre Teams für

den Wandel motivieren, sich selbst weiterentwickeln sowie die Auswirkungen der neuen Technologien auf das Unternehmen und die Gesellschaft bewerten lernen. Die Einführung von Systemen der künstlichen Intelligenz im Unternehmen ist daher vor allen Dingen eine Leadership-& Change-Management-Aufgabe.

9. **Bewusstsein und Bildung:** Es ist wichtig, das Bewusstsein über die Auswirkungen von KI zu schärfen und Bildungsprogramme zu entwickeln, um die Öffentlichkeit, Entwickler und Entscheidungsträger über KI zu informieren. Parallel zum vermehrten Einsatz von Künstlicher Intelligenz im digitalen Raum, steigen die Kompetenzanforderungen an die User:innen und damit an das Bildungssystem. Neben einer reflektierten Mediennutzung fordert die Verwendung von künstlich-algorithmisch generierter Inhalte auch einen kritischeren Umgang mit Informationen (Reip, 2023).

10. **Kontinuierliches Lernen und Verbessern:** KI-Systeme sollten in der Lage sein, aus ihren Fehlern zu lernen und sich kontinuierlich verbessern. Dies kann durch Feedback von Benutzern und kontinuierliches Training erreicht werden.

Gleichzeitig sollten sich Menschen, Organisationen und die Gesellschaft insgesamt als lernendes System begreifen, das im Zusammenspiel mit künstlichen Intelligenzen fortlaufend lernt und dabei im Einklang mit den Werten und Bedürfnissen der Menschen weiterentwickelt wird. Dieser kohärente Ansatz ist entscheidend, um die Potenziale von KI zu nutzen, während gleichzeitig potenzielle Risiken und Herausforderungen minimiert werden. So kann sichergestellt werden, dass die KI-Technologien dem Wohl der Menschen dienen und ein menschenfreundliches Zeitalter der KI beginnen kann.

Was Sie aus diesem *essential* mitnehmen können

- Erkenntnisse zum beginnenden Zeitalter der Künstlichen Intelligenz.
- Einschätzungen zu zentralen menschlichen Kompetenzen (Metaskills) und deren Rolle in der nächsten Stufe der Digitalisierung.
- Zehn fundamentale Prinzipien, die nötig sind, um KI menschengerecht zu entwickeln.
- Impulse zum Nach- und Weiterdenken: Wo und wie können Sie Metaskills einsetzen?

Literatur

Acatech (2020). *Von Daten- zu Wertschöpfung, Potenziale von daten und KI- basierten Wertschöpfungsnetzwerken.* Plattform Lernende Systeme. Acatech e.V., München

Ada Health. https://ada.com/de/, Zugegriffen: 10. Juli 2023.

Ahmidi, N. (2023). Künstliche Intelligenz im Gesundheitswesen. Magazin des Fraunhofer Instituts für Kognitive Systeme IKS, 26.06.2023. https://safe-intelligence.fraunhofer.de/artikel/medizin-kuenstliche-intelligenz-im-gesundheitswesen. Zugegriffen: 10. Juli 2023.

Albrecht, S. (2023). ChatGPT und andere Computermodelle zur Sprachverarbeitung – Grundlagen, Anwendungs- potenziale und mögliche Auswirkungen. Deutscher Bundestag, Ausschuss für Bildung, Forschung und Technikfolgenabschätzung. https://www.bundestag.de/resource/blob/944148/30b0896f6e49908155fcd01d77f57922/20-18-109-Hintergrundpapier-data.pdf. Zugegriffen: 11. Juli 2023.

Amberg, M. (2016). *Führungskompetenz Achtsamkeit: Eine Einführung für Führungskräfte und Personalverantwortliche.* Acatech e.V., München

André, E., & Bauer, W., et al. (Hrsg.) (2021). *Kompetenzentwicklung für Künstliche Intelligenz – Veränderungen, Bedarfe und Handlungsoptionen.* Whitepaper aus der Plattform Lernende Systeme. https://doi.org/10.48669/pls_2021-2.

Anyoha, R. (2017). Can Machines Think? http://sitn.hms.harvard.edu/flash/2017/history-artificial-intelligence/. Zugegriffen: 13. Nov. 2018.

Aronson, E., et al. (2008). *Sozialpsychologie.* Acatech e.V., München

Asan, O., et al. (2020). Artificial intelligence and human trust, in healthcare: focus on clinicians. *Journal of Medical Internet Research.* http://www.jmir.org/2020/6/e15154/. Zugegriffen: 10. Juli 2023.

Barocas, S., & Selbst, A. D. (2016). Big data's disparate impact. *California Law Review, 104,* 671–732. https://doi.org/10.15779/Z38BG31.

Bartlett, L., et al. (2019). A systematic review and meta-analysis of workplace mindfulness training randomized controlled trials. *Journal of Occupational Health Psychology.* https://doi.org/10.1037/ocp0000146.

Bergmann, V. (2022). *Der Einsatz von KI-Verfahren in Organisationen.* Acatech e.V., München

Borchers, D. (2006). 50 Jahre Künstliche Intelligenz. https://www.heise.de/newsticker/meldung/50-Jahre-Kuenstliche-Intelligenz-141200.html. Zugegriffen: 10. Nov. 2018.

Borcke, von Y. (2022). *Human+, Menschen, Maschinen, Führung, DUB Akademie Whitepaper, Magazin für digitale Transformation.*

ChatGPT. https://openai.com/blog/chatgpt. Zugegriffen: 6.Juli 2023.

Clark, D. D. (1988). The Design Philosophy of the DARPA Internet protocols. http://nms.lcs.mit.edu/6.829-f02/darpa-internet.pdf. Zugegriffen: 1. Okt. 2018.

Clases, C., & Wehner, T. (2000). Vertrauen. https://www.spektrum.de/lexikon/psychologie/vertrauen/16374. Zugegriffen: 6. Nov. 2023.

Der Standard. (2023). Midjourney und Co: Künstlerinnen klagen KI-Firmen wegen Urheberrechtsverletzung. https://www.derstandard.de/story/2000142613730/midjourney-und-co-kuenstlerinnen-klagen-ki-firmen-wegen-urheberrechtsverletzung. Zugegriffen: 7. Juli 2023.

Engelmann, B. (2014). *Therapie-Tools Resilienz.* Acatech e.V., München

Ethikrat. (2023). Künstliche Intelligenz darf menschliche Entfaltung nicht vermindern. https://www.ethikrat.org/mitteilungen/mitteilungen/2023/ethikrat-kuenstliche-intelligenz-darf-menschliche-entfaltung-nicht-vermindern/?cookieLevel=not-set. Zugegriffen: 2. Nov. 2023.

Evans, R., & Gao, J. (2016). DeepMind AI Reduces Google Data Centre Cooling Bill by 40%. https://www.deepmind.com/blog/deepmind-ai-reduces-google-data-centre-cooling-bill-by-40. Zugegriffen: 11. Juli 2023.

Fasse, M., & Hubik, F. (2023). BMW wagt einen besonderen Schritt. https://www.handelsblatt.com/unternehmen/industrie/autonomes-fahren-bmw-wagt-einen-besonderen-schritt/29405572.html. Zugegriffen: 2. Nov. 2023.

Ferrer, X., et al. (2020). Bias and Discrimination in AI: A cross-disciplinary perspective. https://arxiv.org/pdf/2008.07309.pdf. Zugegriffen: 11. Juli 2023.

Fittkau/Maaß. (2017). W3B Umfrage. https://www.w3b.org/?s=chatbots. Zugegriffen: 2. Mai 2019.

Frank, M., et al. (2019). Toward understanding the impact of artificial intelligence on labor. https://pure.mpg.de/rest/items/item_3052158_2/component/file_3053884/content. Zugegriffen: 13. Aug. 2019.

Frauenhofer IGD. (2021). Wie KI schon bald den Klinikalltag erleichtert. https://healthcare-in-europe.com/de/news/wie-ki-schon-bald-den-klinikalltag-erleichtert.html. Zugegriffen: 10. Juli 2023.

Frey, D. (2016). *Psychologie der Werte.* Acatech e.V., München

Fritz, O., Weber, C., König, A., & Wolf, J. (2019). Ethische Aspekte der Künstlichen Intelligenz, KCT Schriftenreihe der FOM, No. 1, Essen. Acatech e.V., München

Geiser, E., Neue Züricher Zeitung. (2022). Warum so defensiv? Dank künstlicher Intelligenz können wir uns in Zukunft den wirklich spannenden Dingen widmen. https://www.nzz.ch/meinung/kuenstliche-intelligenz-kritisch-denken-kann-sie-nicht-ld.1718548. Zugegriffen: 6. Juli 2023.

Gensch, P. (2018). *Künstliche Intelligenz für Sales.* Marketing und Service. Acatech e.V., München

Grant, A. M. (2008). The significance of task significance: Job performance effects, relational mechanisms, and boundary conditions. *Journal of Applied Psychology, 93*(1), 108–124, https://doi.org/10.1037/0021-9010.93.1.108. Zugegriffen: 12. Juli 2023.

Hahn, S. (2022). Heise Online: Artificial Imagination: Kunst, die kein Auge je sah: Über „The Crow".https://www.heise.de/hintergrund/Artificial-Imagination-Kunst-die-kein-Menschenauge-je-sah-ueber-The-Crow-7252704.html. Zugegriffen: 7. Juli 2023.

Hecker, D., et al. (2017). Zukunftsmarkt Künstliche Intelligenz, Potenziale und Anwendungen. https://www.iais.fraunhofer.de/content/dam/bigdata/de/documents/Publikationen/KI-Potenzialanalyse_2017.pdf. Zugegriffen: 2. Mai 2023.

Hegele-Raih, C. (2004). Was ist Leadership? https://www.manager-magazin.de/harvard/print/hm/d-30317817.html. Zugegriffen: 12. Nov. 2020.

Heller, J. (Hrsg.). (2019). *Resilienz für die VUCA-Welt. Individuelle und organisationale Resilienz entwickeln.* Acatech e.V., München

Helliwood Media (2016). Das Kompetenzlabor, 2016. https://www.bits21.de/Referenzen/mediabase/pdf/OER_Kompetenzmodell_1106.pdf. Zugegriffen: 2. Juli 2023.

Honnefelder, L. (2022). Ethik, II. Theologische Ethik. https://www.staatslexikon-online.de/Lexikon/Ethik. Zugegriffen: 7. Nov. 2023.

Hu, K. (2023): ChatGPT sets record for fastest-growing user base - analyst note. https://www.reuters.com/technology/chatgpt-sets-record-fastest-growing-user-base-analyst-note-2023-02-01/. Zugegriffen: 12. Okt. 2023.

Jahn, D. (2013). Was es heißt, kritisches Denken zu fördern. Ein pragmatischer Beitrag zur Theorie und Didaktik kritischen Nachdenkens. *Mediamanual, Texte, 28,* 1–17. Acatech e.V., München

Johnston, J. (2023). The AI revolution in design thinking. https://www.linkedin.com/pulse/ai-revolution-design-thinking-disruption-integration-future-johnston. Zugegriffen: 12. Juli 2023.

Kabat-Zinn, J. (2013). *Gesund durch Meditation: Das große Buch der Selbstheilung mit MBSR.* Acatech e.V., München

Kaeser, E. (2023). Unbegreifliche Maschinen – die vier Gesetze der Maschinenintelligenz. https://www.nzz.ch/meinung/unbegreifliche-maschinen-vier-gesetze-der-maschinenintelligenz-ld.1734457. Zugegriffen: 1. Jan. 2023.

Kania, E. (2018). China's AI agenda advances. https://thediplomat.com/2018/02/chinas-ai-agenda-advances/. Zugegriffen: 5. Febr. 2018.

Kaplan, J. (2017). Künstliche Intelligenz, Eine Einführung. Acatech e.V., München

Keber, T. (2019). Ethics by design – Wettbewerbsvorteil und Key Asset for AI made in Europe. https://www.hdm-stuttgart.de/science/view_beitrag?science_beitrag_ID=528. Zugegriffen: 2. Sept. 2020.

Kintsugi App. https://www.kintsugihealth.com. Zugegriffen: 4. Juli 2023.

Kirn, T., et al. (2015). Imagination in der Verhaltenstherapie. Acatech e.V., München

Krempl (2023). „Virtueller Freund": Datenschützer stoppen Chatbot Replika in Italien. https://www.heise.de/news/Virtueller-Freund-Datenschuetzer-stoppen-Chatbot-Replika-in-Italien-7485010.html. Zugegriffen: 26. Okt. 2023.

Kroker, M. (2017). Weltweite Datenmengen verzehnfachen sich bis zum Jahr 2025 gegenüber heute. http://blog.wiwo.de/look-at-it/2017/04/04/weltweite-datenmengen-verzehnfachen-sich-bis-zum-jahr-2025-gegenueber-heute/. Zugegriffen: 4. Okt. 2018.

Krotz, F. (2006). Konnektivität der Medien: Konzepte, Bedingungen und Konsequenzen. In: Hepp, A., Krotz, F., Moores, S. & Winter, C. (Hrsg.), *Konnektivität, Netzwerk und Fluss. VS Verlag für Sozialwissenschaften.* https://doi.org/10.1007/978-3-531-90019-3_2. Zugegriffen: 13. Juli .2023.

Krügl, S. (2022). Der (Un-)Sinn von Purpose: Theoriebasierte Ansätze zur Gestaltung von sinnhaftem Handeln in Unternehmen. https://doi.org/10.1007/s11612-022-00628-7. Zugegriffen: 12. Juli 2023.

Landeszentrale für politische Bildung, Dossier. https://www.lpb-bw.de/dossier-nachhalti gkeit#c101123.. Zugegriffen: 11. Juli 2023.

Lee, K. F. (2018). *AI Superpowers, China, Silicon valley, and the new world order.* Acatech e.V., München

Lefrank, W., & Gräf, M. (2021). *Eine quantitative Studie zum Einfluss von Achtsamkeit auf Stress, Burnout und Depression. Arbeitspapiere der FOM*, No. 82. MA Akademie Verlags- und Druck-Gesellschaft mbH. Acatech e.V., München

Lenz, U., & Heller, J. (Hrsg.), (2019). *Coaching im Kontext der VUCA Welt: Der Umbruch steht bevor. Resilienz für die VUCA-Welt. Individuelle und organisationale Resilienz entwickeln.* Acatech e.V., München

Lippke, S., & Renneberg, B. (2006). Konzepte von Gesundheit und Krankheit. In: Renneberg, B. & Hammelstein, P. (Hrsg.), *Gesundheitspsychologie.* Acatech e.V., München

Liu-Thompkins, Y., et al. (2022). Artificial empathy in marketing interactions: Bridging the human-AI gap in affective and social customer experience. *Journal of the Academy of Marketing Science, 50,* 1198–1218. https://doi.org/10.1007/s11747-022-00892-5. Zugegriffen: 8. Juli 2023.

Manhart, K. (2017). AI-services und machine learning aus der cloud. https://www.com puterwoche.de/a/ai-services-und-machine-learning-aus-der-cloud,3330177. Zugegriffen: 28. Jan. 2019.

Mast, F. (2020). *Black Mamba oder die Macht der Imagination.* Acatech e.V., München

Mast, F. (2022). Die Macht der Imagination, Vortrag an der Universität Luzern. https://stiftung-unilu.ch/2022/11/28/fred-mast-die-macht-der-imagination/. Zugegriffen: 7. Juli 2023.

Michalak, J., et al. (2022). *Die Psychotherapie.* Springer Medizin, Beschleunigung, Resonanz und Achtsamkeit. https://doi.org/10.1007/s00278-022-00584-z. Zugegriffen: 4. Juli 2023.

Midjourney. https://www.midjourney.com. Zugegriffen: 7. Juli 2023.

Mindell, A. (2003). *The spiritual art of therapy,* Acatech e.V., München.

MIT (o.V, 2023). Human plus AI. https://www.technologyreview.com/2023/08/10/1077088/human-plus-ai-solutions-mitigate-security-threats/. Zugegriffen: 16. Okt. 2023.

Möllering, G. (2006). Grundlagen des Vertrauens: Wissenschaftliche Fundierung eines Alltagsproblems. https://www.mpg.de/451610/forschungsSchwerpunkt. Zugegriffen: 1. Nov. 2023.

Mühlhoff, R., & Slaby, J., et al. (Hrsg.). (2019). *Affekt Macht Netz: Auf dem Weg zu einer Sozialtheorie der Digitalen Gesellschaft.* Acatech e.V., München

Müller-Quade J., et al. (2019). Künstliche Intelligenz und IT-Sicherheit – Bestandsaufnahme und Lösungsansätze. Whitepaper aus der Plattform Lernende Systeme, München. https://www.plattform-lernende-systeme.de/files/Downloads/Publikationen/20190403_Whitep aper_AG3_final.pdf. Zugegriffen: 4. Sept. 2023.

Murrenhoff, A., et al. (2021). Künstliche Intelligenz in der Logistik. Frauenhofer IML, Ausgabe 19. https://www.iml.fraunhofer.de/content/dam/iml/de/documents/101/19_Whi tepaper_KI_Logistik.pdf. Zugegriffen: 13. Juli. 2023.

Nath Hanh, T. (2008). *The miracle of mindfulness.* Acatech e.V., München

Neumeier, M. (2012). *Metaskills: Five talents for the robotic age.* Acatech e.V., München

Nieswandt, M., Geschwill, R., & Zimmermann, V. (2019). *EdTech in Unternehmen – Lernen als Schlüssel für Innovation und Wachstum im Zeitalter der Digitalisierung.* Acatech e.V., München

Nowak, I., et al. (2019). Normalität in Bewegung, Beschäftigte zwischen erweiterter Erreichbarkeit und digitaler Konnektivität. *ARBEIT, 28*(3), https://doi.org/10.1515/arbeit-2019-0019. Zugegriffen: 13. Juli 2023.

Nyholm, S., & Rüther, M. (2023). Meaning in life in AI ethics – Some trends and perspectives. *Philosophy & Technology, 36,* 20. https://doi.org/10.1007/s13347-023-00620-z.. Zugegriffen: 12. Juli 2023.

Opitz, M. (2020). Das UR-Modell. In: Kollmann, T. (Hrsg.), *Handbuch Digitale Wirtschaft.* Acatech e.V., München

Palder, K. (2023). Künstliche Intelligenz im Kampf gegen den Krebes. https://www.siemens-healthineers.com/deu/perspectives/AI-cancer-care. Zugegriffen: 2. Nov. 23.

Paradox AI. https://www.paradox.ai. Zugegriffen: 12. Juli 2023.

Patel, D. (2023). The AI brick wall – A practical limit for scaling dense transformer models, and how GPT 4 will break past it. https://www.semianalysis.com/p/the-ai-brick-wall-a-practical-limit. Zugegriffen: 11. Juli 2023.

Plattform Lernende Systeme: https://www.plattform-lernende-systeme.de/best-practice.html?AID=1098. Zugegriffen: 11. Juli 2023.

Plattform Lernenden Systeme. (2022). Vertrauen in autonomes Fahren. https://www.plattform-lernende-systeme.de/aktuelles-newsreader/vertrauen-in-autonomes-fahren-plattform-beim-future-mobility-summit.html. Zugegriffen: 2. Nov. 2023.

Plohr, N. (2023). Was Selbstwirksamtkeit mit KI zu tun hat. https://digitalweltmagazin.de/fachbeitrag/was-selbstwirksamkeit-mit-ki-akzeptanz-zu-tun-hat/. Zugegriffen: 13. Nov. 2023.

Possati, L. M. (2022). Psychoanalyzing artificial intelligence: The case of Replika. *AI and Society, 13.* https://doi.org/10.1007/s00146-021-01379-7.. Zugegriffen: 9. Juli 2023.

Pütter, C. (2018). Change-Projekte hängen von Mitarbeitern ab, verfügbar unter: https://www.cio.de/a/change-projekte-haengen-von-mitarbeitern-ab,3589887.. Zugegriffen: 5. Mai 2019.

Raitner, M. (2019). *Manifest für menschliche Führung: Sechs Thesen für neue Führung im Zeitalter der Digitalisierung.* Acatech e.V., München

Ransbotham, S., et al. (2021). *The cultural benefits of artificial Intelligence in the Enterprise*, MIT Sloan Management Review and Boston Consulting Group, November 2021. Acatech e.V., München

Reip, N. (2023). KI – eine Gefahr für die Medienkompetent?:https://medienkompass.de/ki-eine-gefahr-fuer-die-medienkompetenz/. Zugegriffen: 1. Nov. 2023.

Rohde, F., et al. (2021). Nachhaltigkeitskriterien für künstliche Intelligenz. Entwicklung eines Kriterien- und Indikatorensets für die Nachhaltigkeitsbewertung von KI-Systemen entlang des Lebenszyklus. Schriftenreihe des IÖW 220/21, Berlin. https://www.ioew.de/fileadmin/user_upload/BILDER_und_Downloaddateien/Publikationen/2021/IOEW_SR_220_Nachhaltigkeitskriterien_fuer_Kuenstliche_Intelligenz.pdf. Zugegriffen: 11. Juli 2023.

Rohn, U. (2014) Grenzüberschreitende Konnektivität durch soziale Netzwerkplattformen im Internet? kommunikation@gesellschaft. https://nbn-resolving.org/urn:nbn:de:0168-ssoar-403174. Zugegriffen: 13. Juli 2023.

Rosa, H. (2016). Achtsamkeit und Selbstbezogenheit. https://www.youtube.com/watch?v= JEBh3lm_8dc. Zugegriffen: 4. Juli 2023.

Rosso, B. D., et al. (2010). On the meaning of work: A theoretical integration and review. *Research in Organizational Behavior, 30,* 91–127. https://doi.org/10.1016/j.riob.2010.09. 001.. Zugegriffen: 12. Juli 2023.

Safar, M. (2022). Was ist generative KI und was kann sie? https://www.industry-of-things. de/was-ist-generative-ki-und-was-kann-sie-a-8faf44a80c7de6711d3b05875722c122/. Zugegriffen: 10. Okt. 2023.

Schleicher, A. (2022). *Future Skills - 30 zukunftsentscheidende Kompetenzen und wie wir sie lernen können.* Acatech e.V., München

Schneiderman, B. (2020). *Human-centered artificial intelligence: Three fresh ideas.* https:// aisel.aisnet.org/thci/vol12/iss3/1/. Zugegriffen: 11. Okt. 2023.

Schonschek, O. (2023). Wie sich Datenschutz bei KI entwickelt. https://www.bigdata-ins ider.de/wie-sich-der-datenschutz-bei-ki-entwickelt-a-379986ac3783bb03711462f7b92 5e394.. Zugegriffen: 16. Okt. 2023.

Schroeder, C., (2022). Deutschlandfunkkultur. Virtuelle Körper als Chance? https://www.deu tschlandfunkkultur.de/digitaler-zwilling-medizin-gesundheit-100.html. Zugegriffen: 10. Juli 2023.

Schulzki-Haddouti, C. (2021). *KI und Nachhaltigkeit.* Ein Diskussionsbeitrag für die Plattform Lernende Systeme. Acatech e.V., München

Shoham, Y., et al. (2018). "The AI Index 2018 Annual Report", AI Index Steering Committee. Acatech e.V., München

Sinek, S. (2009). *Start with why,* Acatech e.V., München.

Socialbakers: https://emplifi.io, Zugegriffen: 13. Juli 2023.

Specht, P. (2018). *Die 50 wichtigsten Themen der Digitalisierung, Künstliche Intelligenz, Blockchain, Bitcoin Virtual Reality und vieles mehr verständlich erklärt.* Acatech e.V., München

Spector, J. M., & Ma, S. (o. J.). Inquiry and critical thinking skills for the next generation: From artificial intelligence back to human intelligence. *Smart Learning Environments,* https://doi.org/10.1186/s40561-019-0088-z. Zugegriffen: 6. Juli 2023.

Steinmüller, K., et al. (2022). Kann Künstliche Intelligenz Zukunftsforschung? – Ein spekulativer Impuls. Zeitschrift für Zukunftsforschung, 1. https://www.zeitschrift-zukunftsfors chung.de/ausgaben/1/5527. Zugegriffen: 7. Juli 2023.

Stowasser, S., et al. (2020). *Einführung von KI-Systemen in Unternehmen, Gestaltungsansätze für das Change-Management. Whitepaper aus der Plattform Lernende Systeme.* Acatech e.V., München

Striewski, R. (2023). Ist künstliche Intelligenz eigentlich intelligent? https://www1.wdr.de/ nachrichten/ki-kuenstliche-intelligenz-chatgpt-faq-100.html. Zugegriffen: 3. Nov. 2023.

Strowitzki, P., Schmitz, H., & Thiel, H. (2021). Dem Auto blind vertrauen? – Wie Vertrauen und Nützlichkeit die Nutzung autonomer Fahrzeuge beeinflussen. In: T. Ellwart & C. Jaster (Hrsg.), *Forschungspakete aus dem Seminarraum* (A/2021). https://www.uni-trier.de/ index.php?id=64878.

Tamayo, J., et al. (2023). Reskilling in the age of AI. *Harvard Business Review.* https://hbr. org/2023/09/reskilling-in-the-age-of-ai. Zugegriffen: 12. Okt. 2023.

Tilly, M. (2018). Am Anfang war das Neuron. *Machine Learning, IX* Developer Winter 2018. Acatech e.V., München

T3n. (2018). Das passierte 2018 in einer Minute im Internet. https://t3n.de/news/eine-minute-internet-1083180/. Zugegriffen: 23. Jan. 2019.

Thommes J., & Horizont (2023). Interview mit Murat Durmus: Warum es mehr Achtsamkeit in der KI-Entwicklung geben sollte. https://www.horizont.net/tech/nachrichten/interv iew-mit-murat-durmus-warum-es-mehr-achtsamkeit-in-der-ki-entwicklung-geben-sol lte-206316. Zugegriffen: 4. Juli 2023.

Turing, A. M. (1950). Computing Machinery and Intelligence. https://www.csee.umbc.edu/ courses/471/papers/turing.pdf. Zugegriffen: 4. Nov. 2022.

Turri, V. (2022). What is explainable AI? Carnegie Mellon University, Software Engineering Institute's Insights (blog), Accessed October 13, 2023. https://insights.sei.cmu.edu/blog/ what-is-explainable-ai/. Zugegriffen: 16. Okt. 2023.

UNESCO. (2021). Recomendations on the Ethics of Artificial Intelligence. https://unesdoc. unesco.org/ark:/48223/pf0000381137. Zugegriffen: 16. Okt. 2023.

Urbach, N. (2018). Experteninterview, in KPMG (2018): Wertschöpfung neu gedacht. Von Humanoiden, KIs und Kollege Roboter. https://home.kpmg/de/de/home/themen/2018/03/ wertschoepfung-neu-gedacht.html. Zugegriffen: 14. Febr. 2019.

Van Wynsberghe, A. (2021). Sustainable AI: AI for sustainability and the sustainability of AI. AI Ethics, 1, https://doi.org/10.1007/s43681-021-00043-6. Zugegriffen: 11. Juli 2023.

Verhoeven, T. (2020). Künstliche Intelligenz im Recruiting. In: Verhoeven, T. (eds) Digitalisierung im Recruiting, Wiesbaden, https://doi.org/10.1007/978-3-658-25885-6_9. Zugegriffen: 12. Juli. 2023.

Venkatesh, K. P., et al. (2022). Health digital twins as tools for precision medicine: Considerations for computation, implementation, and regulation. *Digital Medicine, 5,* 150. https:// doi.org/10.1038/s41746-022-00694-7. Zugegriffen: 10. Juli 2023.

Wahlster, W. (2016). Die Speerspitze der Digitalisierung, Künstliche Intelligenz und ihre Entwicklung. http://www.wolfgang-wahlster.de/wordpress/wp-content/uploads/201 60923_Character_Bethmann_KI_Entwicklung.pdf. Zugegriffen: 4. Nov. 2018.

Wittenbrink, N., et al. (2023). Resilienz und robuste KI-Systeme im praktischen Einsatz. In: Wittpahl, V. (Hrsg.), *Resilienz – Leben Räume Technik.* Acatech e.V., München

Wittpahl, V. (2023). *Resilienz – Leben Räume Technik.* Acatech e.V., München

Printed in the USA
CPSIA information can be obtained
at www.ICGtesting.com
LVHW011457310324
775975LV00004B/567